Monolog mit dem Kosmos

andreas niederau-kaiser

Buchbeschreibung:

Die Frage der Fragen: Warum bin ich, wie ich bin - auf dieser Erde. Die Alternative zu dieser Frage wäre, diese mit Drogen zuzuschütten. Es gibt alternativ eine andere Möglichkeit. Sich selbst zu beseitigen, damit die innere Stimme aus der Verhörsituation heraus kommt. Warum hast du dieses oder jenes angestellt. Sag die Wahrheit. Sag endlich die Wahrheit. Warum haben mir die Götter diese jahrzehntelange Folter angedeihen lassen? Ich höre unentwegt warum. Warum, warum, warum. Damit dieses Buch erscheint? Möge ein jeder sich die Frage nach seinem Dasein selbst beantworten.

Über den Autor:

Die Kunst ist ein Mittel zum besseren Verständnis der Welt. Wenn die Welt eine Zahnpastatube ist, sehe ich den Inhalt erst, wenn ich sie ausdrücke. Zitat: "Ich bin der Sekretär der Unterwelt. Bekannt als der aus der schwarzen Weldt. Ich folge dem kausalen Diktat meiner Form. In einer Welt, in der alles EINS ist. Mit Hilfe meines Zeitlaufpassers schaffe ich Querverbindungen, die in der Zeitlosigkeit jenseits der Sinne versinken. Fragen Sie meine Freunde, die Bakterien! Sie werden es Ihnen bestätigen".

Monolog mit dem Kosmos

Die Frage nach dem Sein.

von

andreas niederau-kaiser

1. Auflage, 2023

© 2023, Andreas Niederau-Kaiser
Alle Rechte vorbehalten.

Herstellung und Verlag:
BoD – Books on Demand, Norderstedt
ISBN: 9783757815462

Kapitel 1 – warum?

Das Wort warum leitet einen direkten Fragesatz ein. Weshalb und aus welchem Grunde versuche ich zu beschreiben, dass ich der Mensch – vor allem anderen ein Vollautomat bin.

Ein Kaffeevollautomat ist eine Maschine, die automatisch Kaffee zubereitet, indem sie gemahlenen Kaffee oder Kaffeepads verwendet, Wasser erhitzt und den Kaffee in die Tasse gießt, alles auf Knopfdruck, ohne dass der Benutzer jedes Detail manuell steuert.

Bin ich doch kein Vollautomat? Was dann? Ein voll durch und durch determiniertes Wesen?

Der Determinismus ist eine philosophische Auffassung, die besagt, dass alles, was in der Welt geschieht, durch vorherige Ursachen oder Bedingungen zwangsläufig und vorherbestimmt ist. In diesem Kontext ist ein determiniertes Wesen eine Entität, deren Handlungen und Entscheidungen durch diese vorbestimmten Ursachen oder Gesetzmäßigkeiten gelenkt werden, ohne dass Freiheit oder Willkür eine Rolle spielen. Stimmt das?

Befinde ich mich in einem unsichtbaren, komplexen Netzwerk von Verbindungen und Beziehungen zwischen verschiedenen Elementen. Dass unterschiedliche Teile, Ideen oder Entitäten miteinander verknüpft und ein komplexes Gesamtsystem bildet. Das ich in einem Epithelgewebe in mehrfacher Dimensionalität verankert bin. Wie die Fliege in einem Spinnennetz, die mit ihren Flügeln schlägt, aber nicht von der Stelle kommt. Es ist keine Positionsveränderung der Persönlichkeit möglich. Sonst wäre ich nicht die Person, sondern eine andere. Ähnlich einem Zahnrad an Ort und Stelle in einer Armbanduhr, die Erde heißt.

Besser formuliert: Ich hocke, in welcher relativen Größe in einem Körper, der sich wie ein Hefeteig ausdehnt und unter Umständen wieder zusammenzieht. Frage: Atmet das Universum? Bin ich ein Teil eines Brötchens, mittendrin in einem schwammigen, klebrigen Teig, der mich einerseits nicht loslässt, und andererseits mich überall mit hin und her zerrt, wenn es sich bewegt.

Mein Gefühl, meine Empfindungen vermitteln mir, dass ich tief durchdrungen bin von etwas,

was ich nicht vermag zu beschreiben. Bin ich ein Wesen, das stellvertretend Entscheidungen trifft. Womöglich bin ich nur ein Werkzeug. Ein ausführendes Organ von wem oder was? Bin ich ein verlängerter Arm der Vergangenheit, der der Zukunft die Hand reicht? Ein simples Bindeglied. Ein Erfüllungsgehilfe für andere Organismen in jeder Hinsicht? Ein Lebensbegleiter auf Zeit? Ein Fährmann? Wenn ich Schulfreunde bis zu ihrem Tode begleitet habe. Ob mit hundertachtzig gegen einen unbeleuchteten Panzer. Auf dem Eis eingebrochen und ertrunken. Vom Zwillingsbruder mit der Waffe des Vaters erschossen. Aus Liebeskummer vor den Zug gelegt. Rübe ab. Blutkrebs. Schädelbasisbruch. Eine Liste von Trennungen, die sich im weiteren Leben auf andere Art fortgesetzt hat. Wie die große Liebe sich ins Gegenteil verkehrt. Wenn die nächste große Liebe keine Liebe ist, sondern nur ein Geburtshelfer für eine mir fremde Welt ist. Oder wenn sich im Laufe meines Weges Freundschaften auflösen, auseinanderleben. Oder sogar zerbrechen.

Vervollständigt sich das Bild durch den Tod der Eltern. Der Geschwister. Oder die durch Trennung verlorenen Kinder.

Bin ich in dieser Welt nur Mittel zum Zweck? Ich werde in diese Welt gesetzt, um die Fortsetzung der Geschichte Menschheit mitzuschreiben.

Kapitel 2 – multiple Wesen

Warum wird der Mensch nicht wie ein „multiples Wesen" betrachtet, da er doch aus verschiedenen Facetten, Dimensionen und Komponenten besteht?

Zum Beispiel der physische Aspekt: Der Mensch besteht aus verschiedenen körperlichen Systemen, Organen, Geweben und Zellen, die zusammenarbeiten, um seinen Körper zu bilden, und am Leben zu erhalten.

Weiter der psychologische Aspekt: Die menschliche Psyche ist äußerst komplex. Sie umfasst Emotionen, Gedanken, Erinnerungen, Überzeugungen und viele andere mentale Prozesse.

Der soziale Aspekt: Menschen sind soziale Wesen und leben in Gemeinschaften. Ihre sozialen Beziehungen, Interaktionen, Bindungen und Rollen sind ein wichtiger Teil ihres Lebens.

Kultureller Aspekt: Die kulturelle Identität eines Menschen prägt seine Werte, Überzeugungen, Traditionen, Sprache und Weltanschauung. Kultur beeinflusst, wie Menschen die Welt wahrnehmen und sich darin bewegen.

Biologischer Aspekt: Die biologische Zusammensetzung eines Menschen beeinflusst seine Veranlagungen, Fähigkeiten und Einschränkungen. Genetik spielt eine wichtige Rolle in der Vielfalt der menschlichen Merkmale.

Geistiger Aspekt: Die Fähigkeit des Menschen, den Verstand zu gebrauchen, zu lernen, zu analysieren und Wissen zu erlangen, ist ein wesentlicher Bestandteil seiner Identität.

Emotionaler Aspekt: Menschen erleben eine breite Palette von Emotionen, von Freude und Glück bis hin zu Trauer und Angst. Diese Emotionen prägen ihre Erfahrungen und Handlungen.

Spirituelle Aspekt: Für viele Menschen hat die Spiritualität oder Religion eine wichtige Bedeutung in ihrem Leben, da sie nach Sinn, Zweck und Transzendenz suchen.

Insgesamt ist der Mensch demzufolge ein komplexes Wesen, das auf vielen Ebenen existiert und interagiert.

Und dieses komplexe Wesen ist verstrickt mit anderen mannigfaltigen Wesen.

Inwieweit ein Mensch in Wirklichkeit mit allen Menschen verstrickt ist, lässt sich nur erahnen.

Milgram kam in seinem Experiment im Jahre 1967, bei dem er etliche Versuchspersonen hatte, zu dem Ergebnis, dass es 5,5 (aufgerundet etwa sechs) Kontakte benötigt, um jeden Menschen auf der Welt zu kontaktieren. Weitere Untersuchungen von anderen Wissenschaftlern ergaben ähnliche Resultate. Das Experiment von Jure Leskovec und Eric Horvitz zeigte, dass die Versuchspersonen etwa 6,6 (aufgerundet sieben) Kontakte benötigten, um jeden zu kontaktieren.

Und wie viele Menschen waren daran beteiligt, das ich heute existiere?

Wenn ich weiter zurück in der Zeit gehe, sind immer mehr Menschen an meiner Abstammungslinie beteiligt, die indirekt dazu beigetragen haben, dass ich existiere. Meine Eltern haben von ihren Eltern abstammende Vorfahren, und so schreitet es immer weiter zurück. Meine Vorfahren, Großeltern, Urgroßeltern und so weiter, haben alle auf ihre eigene Art dazu beigetragen, dass meine Eltern geboren wurden, und somit haben sie indirekt dazu beigetragen, dass Sie existieren.

Dieses Konzept wird oft als „genetische Ahnenreihe" bezeichnet und wird extrem komplex, wenn man etliche Generationen zurückverfolgt. Millionen von Menschen sind an meiner genetischen Ahnenreihe beteiligt, wenn man weit genug zurückgeht. Es ist ein faszinierendes Konzept, das zeigt, wie miteinander verbunden und abhängig wir von unseren Vorfahren und ihrer Geschichte sind.

Ja, das ist ein Konzept, das oft als „genetische Verflechtung" oder „genetische Gemeinsamkeit" bezeichnet wird. Es bedeutet, dass aufgrund der Tatsache, dass wir alle gemeinsame Vorfahren in unserer genetischen Ahnenreihe haben, das wir mit allen Menschen auf der Welt genetisch verbunden sind.

Je weiter Sie in der Vergangenheit zurückgehen, desto mehr überschneiden sich unsere genetischen Linien. Dies liegt daran, dass unsere Vorfahren nicht nur unseren direkten Vorfahren gehörten, sondern ebenfalls den Vorfahren anderer Menschen. Daher gibt es einen Punkt in der

Vergangenheit, an dem alle Menschen auf der Welt gemeinsame Vorfahren teilen.

Dieses Konzept wird oft durch den Begriff „genetische Adam und Eva" veranschaulicht, die hypothetische gemeinsame Vorfahren aller modernen Menschen.

Es unterstreicht die Einheit der Menschheit, obwohl wir kulturell und geografisch vielfältig sind, auf genetischer Ebene mehr miteinander gemein haben, als es auf den ersten Blick erscheint. Ein faszinierendes Konzept, das die Tatsache betont, dass wir alle Mitglieder derselben großen menschlichen Familie sind, die sich gegenseitig den Kopf einschlägt.

Warum schlug Kain Abel den Schädel ein? Das Schlüsselspiel innerhalb einer Familie. Wer gönnt aus welchem Grund dem Bruder, der Schwester nicht die Butter aufs Brot. Wie gefalle ich Vater und Mutter? Ich wünsche Aufmerksamkeit.

Die Bibel gibt keine ausführliche Erklärung dafür, warum Kain seinen Bruder Abel tötete und warum er so zornig und eifersüchtig auf Abel war. Die Bibel sagt, dass Gott das Opfer Abels annahm, aber das von Kain nicht. Dies führte zu Kains Wut und Neid, der zu Abels Tod führte.

Es gibt verschiedene Interpretationen und Theorien darüber, warum Kain Abel tötete, und einige davon könnten auf familiäre Dynamiken und psychologische Umstände hinweisen:

Eifersucht und Konkurrenz: Kain ist eifersüchtig auf Abel, weil er das Gefühl hatte, dass Abel von Gott bevorzugt wurde. Ein Spiel um die Gunst der Eltern oder um göttliche Anerkennung?

Kain merkt, das er von Gott abgelehnt wird, als sein Opfer nicht angenommen wurde. Dies hat sein Selbstwertgefühl verletzt, was zu Wut und Frustration führte.

Familiäre Dynamiken: Die Geschichte von Kain und Abel spiegelt familiäre Konflikte und Spannungen zwischen den beiden Brüdern und ihren Eltern wider. Adam und Eva hatten zuvor gesündigt und wurden aus dem Garten Eden vertrieben, was die familiären Beziehungen belastete.

In einigen theologischen Interpretationen wird Kains Aktion als Ausdruck von Rebellion gegen Gott und als Ablehnung seiner Verantwortung für seinen Bruder angesehen. Kain weigerte sich, „der Hüter seines Bruders" zu sein, wie Gott es von ihm verlangte.

Ist die Geschichte von Kain und Abel eine Warnung vor den zerstörerischen Auswirkungen von Eifersucht, Neid und Gewalt innerhalb von Familien und Gemeinschaften?

Wie sagte mein Freund. Vor jeder Haustür liegt ein Haufen Scheiße.

Mit anderen Worten sind Eifersucht, Neid und Gewalt systemisch und aus der Menschheitsgeschichte nicht wegzudenken. Und schon bin ich beim Wettkampf, der an allen Orten dieser Kugel stattfindet. Mit all den sich über die Jahrhunderte entwickelten Brettspiele. Mensch ärgere dich nicht, ist ein ausgezeichnetes Beispiel. Das Schachspiel hingegen zeigt, wie strategisch abgeschlachtet wird, um den anderen schachmatt zu setzen.

Leitet sich das Wort „Schach" vom persischen Wort „shah" ab, was „König" bedeutet, und „Matt" vom persischen Wort „mat" abstammt, was wie „besiegt" oder „tot" heißt. Die Kombination der beiden Begriffe bedeutet „der König ist besiegt" und signalisiert das Ende des Spiels, da keine Möglichkeit mehr besteht, dass der König gerettet wird und das Spiel verloren ist.

Kain und Abel auf spielerischer Ebene. Oder im wahren Leben der Krieg an allen Fronten. Ist das die Bestimmung der Menschheit? Allein schon, wenn ich an das versprühte Gift denke, was der Schwiegertochter angedacht wird.

Kapitel 3 – Klima-Umgebung

Unterschiedliche klimatische Verhältnisse auf dieser Erde führen zu unterschiedlichen Kulturen und Lebensformen. Der Ort, an dem ich aufgewachsen bin, prägte meine kulturelle Identität. Der Ort, an dem ich aufwachse, wird mich immer prägen. Der Ort bildet den Menschen aus.

Das Klima beeinflusst die Gesundheit eines Menschen erheblich. Extreme Hitze oder Kälte führen zu Gesundheitsproblemen wie Hitzschlag, Erfrierungen, Atemwegserkrankungen oder Sonnenbrand. Darüber hinaus begünstigt ein feuchtes Klima die Verbreitung von Krankheiten wie Malaria.

Das Klima beeinflusst den Lebensstil und die Aktivitäten einer Person. In Regionen mit mildem Klima sind Menschen oft aktiver im Freien und betreiben mehr Sport, in extremen Klimazonen mehr Zeit innen verbracht wird..

Das Klima hat einen erheblichen Einfluss auf die landwirtschaftliche Produktion. Dürren oder Überschwemmungen beeinträchtigen die Ernteerträge, was zur Nahrungsmittelknappheit führt. Dies wirkt sich auf die Ernährung und den Zugang von Nahrungsmitteln aus.

In Regionen mit extremen klimatischen Bedingungen sind die Menschen gezwungen, ihre Häuser und Wohnungen den Verhältnissen anzupassen, um sich vor den Elementen zu schützen. Dies beeinflusst den Baustil, die Wahl der Baumaterialien.

Längere Perioden von misslichem Wetter, wie ständiger Regen oder Dunkelheit im Winter, wirken sich auf die Stimmung und das Wohlbefinden des Menschen aus. Dies führt zu saisonalen affektiven Störungen oder anderen psychischen Gesundheitsproblemen.

Das Klima beeinflusst die kulturelle Identität und Traditionen einer Region extrem. Die Kleidung, die Küche, die Feste und Bräuche werden vom Klima geprägt.

Die Wirtschaft einer Region hängt von den klimatischen Bedingungen ab. Landwirtschaft, Fischerei, Tourismus und andere Branchen werden vom Wetter und Klima extrem beeinflusst.

Kapitel 4 - räumliches Sehen

Bei all meinen Untersuchungen entdecke ich immer wieder Menschen, die das räumliche Sehen praktizieren. Ich würde diese Fähigkeit gern zu den meinen zählen.

Ich meine nicht die Stereoskopie. Ebenso nicht die Tiefenwahrnehmung. Erst recht nicht 3D-Effekte.

Ich meine räumliches Sehen mit Hilfe aller Sinne, die mir einen Film zeigen, in dem ich mich und meine ganze soziale Umgebung gleichzeitig wahrnehme und bewege und jederzeit registriere, wenn mit diesem Bild etwas nicht stimmt. Wenn dieses Bild ins Ungleichgewicht gerät.

Der Gedanke zielt eher auf den sogenannten „siebter Sinn" hin. Er ist eine metaphorische oder umgangssprachliche Bezeichnung für eine Art von Wahrnehmung oder Intuition, die über die üblichen fünf Sinne (Sehen, Hören, Riechen, Schmecken und Tasten) hinausgeht. Die Fähigkeit des Menschen, subtile Signale oder Informationen wahrzunehmen, die nicht leicht erklärbar sind.

Der Ausdruck „siebter Sinn" wird oft verwendet, um auf die Intuition, das Bauchgefühl oder die Fähigkeit hinzuweisen, Geschehnisse zu erfassen oder zu erkennen, die schwer in Worte zu kleiden sind. Jene Menschen sind imstande, gefühlsmäßig Gefahren zu erkennen, die sich bisher nicht manifestiert haben, oder die Stimmungen und Absichten anderer Menschen erfassen, ohne klare Hinweise darauf zu haben.

Denkbar, dass so etwas Erleuchtung genannt wird.

Vor meiner Reise über die Meere dieser Erde traf ich eine Verabredung mit einer Freundin. Wenn du ohne bedingten Reflex an mich denkst, schreib es bitte mit Datum und Uhrzeit auf, sagte ich zu ihr. Mitten auf der Biskaya drehte ich nach dem Wachwechsel meinen Kopf in Richtung Gang, zu einem Kollegen mit krausem Haar und sah sie in ihm. Ich schrieb ich dieses Vorkommnis sofort auf. Ein Jahr später nach Ende meiner Reise fragte ich meine Freundin, ob sie irgendetwas notiert hätte. Wundersam, aber wahr. Gleiches Datum und gleiche Uhrzeit in der UTC 0.

Wie und auf welchem Wege ist diese Information zustande gekommen? Gibt es eine Oberleitung, an der wir zum größten Teil unbewusst Information austauschen?

Kapitel 5 – Spiel der Zahlen

In früheren Zeiten gab es die Dualform in der indogermanischen Sprache.

Reste wie diese sind aufschlussreiche Zeugnisse für den frühesten Schritt des Menschen über die Eins hinaus. Eindringlich für den frühen Menschen ist die Paarigkeit, die er an sich selbst oder im nächsten Umkreis beobachtet, die zwei (beiden !) Augen, Hände, Arme, Beine. Er überträgt sie auf feste Zweiheiten wie auf ein Gespann von Pferden oder Ochsen (gr. *hippo, bóe),* auf Geschwister, Freunde, Götter, die er zusammen sieht oder -zu sehen wünscht wie etwa die Göttinnen *(to Theo)* Demeter und Persephone. Indisch *ahani* 'der Tag' ist sprachlich eine Zweizahl, weil er die Nacht mit einbegreift; türk. *Valid* ist 'der Erzeuger', der Dual *valid-eijn* sind 'die Eltern'; idg. *nasö* heißt wörtlich 'die beiden

Nasen(-löcher)'. So ausgeprägt wird manchmal eine Zweiheit (wie die Augen) als Ganzes gesehen, dass dann eins davon (ein Auge) wie im Chinesischen mit einem Sonderzahlwort *chih* (statt *t*) gezählt oder als 'halbes' Auge bezeichnet wird wie im irischen *sdii* 'Auge', *di stài,* 'die (zwei) Augen', *leth-sml* 'halb (= ein) Auge'. Schön ist diese Übertragung von der körperlichen Paarigkeit auf eine beliebige Zweiheit zu erkennen wie im Chinesischen, wo das Schriftzeichen für das allgemeine 'Paar' das Bild von zwei Händen ist.

Ich — Du. Damals wurde aus einer tieferen geistigen Schicht der erste Schritt über die Eins hinaus angeregt. Dem erwachenden Menschen stellt sich die Welt gegenüber, dem ich das, was nicht Ich ist, das Du, das Andere. Es ist sprachlich nicht unwahrscheinlich, dass das idg. Zahlwort *duuo* 'zwei' auf irgendeine Art mit 'du' zusammenhängt. In der Zählreihe der Sumerer haben 'eins' und 'zwei' die Bedeutung — 'Mann' und 'Frau'.

In dieser geistigen Urscheidung legt sich das vorher „Eine" auseinander in eins und zwei. Das zwei zum Menschen ist anfangs der andere

Mensch, ein lebendiges Du, mit dem er sich in An- und Gegenrede einspannt und so in der Spaltung doch wieder das zusammen empfindet. Das klingt darin nach, dass sich die sprachliche Zweizahl weit länger in persönlichen Fürwörtern erhalten hat wie in anderen Wortklassen.

Gilt die Schlussfolgerung, dass die Menschen sich in Mehrzahl wie eine Einheit sahen?
    Gilt das ebenfalls für die restliche Umgebung?

Demzufolge versuche ich, zu verstehen, wie er Objekte und Vorgänge mit all ihren malerischen Einzelheiten in seiner frühen Sprache ausdrückt. 'Ein Mensch hat einen Hasen getötet. So farblos sagt das ein Indianer nicht. Zerlegt man seinen Satz in die sprachlichen Bestandteile, so heißt er: 'Der Mensch, er, einer, beseelt, aufrecht, hat absichtlich getötet, indem er einen Pfeil abschnellte auf den Hasen, beseelt, ihn, einen, sitzend. So sagt der Indianer nicht, weil er den Vorgang in der Hauptsache malerisch darstellt. Unsere sogenannte hochentwickelte Sprache ist nicht imstande, dass mit Wort- und Satzzufügungen zu konstruieren. Der Indianer erlebt den Vorgang in seiner Einmaligkeit.

Die Betonung liegt auf einmalig. Ein Dasein in der ewig fortwährenden Gegenwart. Frage: Grübelt ein Löwe darüber nach, die erlegte Gazelle im Kühlschrank aufzubewahren? Gegenwärtig hat er Hunger, der simpel gestillt wird.

Gilt das gleiche für das räumliche Sehen?

Ein Missionar erzählt von den Abiponen, einem südamerikanischen Indianerstamm, der durch Nahrungsmangel zum Wandern getrieben wurde (18. Jh.) : „Der lange Zug der reitenden Weiber ist von vorne, von hinten und auf den Seiten von einer Unzahl Hunden umgeben. Vom Sattel aus schauen die Indianer dann umher und mustern sie. Fehlt aus der Riesenschar auch nur ein Hund, so rufen sie so lange, bis alle zusammen sind. Oft habe ich mich darüber gewundert, wie sie, ohne zählen zu können, trotz der großen Meute sofort merken, daß ein Hund fehlt." Dabei haben sie selbst nur drei Zahlwörter und zeigen den größten Widerstand, von dem Weißen eine Zählreihe zu lernen. Um die Größe einer Herde von Pferden anzugeben, sagen sie, wieviel Raum diese brauchen beim Nebeneinanderstehen.

Beides wird uns verständlich aus der engeren Teilnahme an der Umwelt: Scharfe Beobachtung, die sofort das Fehlen eines Tieres merkt und sagt, welches fehlt; dann Umsetzung der unanschaulichen Anzahl in ein klar gesehenes Raumgebilde.

Räumliches sowie zeitliches Sehen erlebbar begreifen, zeugt von einer Ganzheit. Es ist alles in Bewegung und trotzdem bleibt das Bild vollständig. Es bleibt ein Bild.

All diese Beschreibungen zeigen, dass die Menschen sich bewusst waren, in einer verstrickten Welt zu hängen und somit alles wie ein Ganzes betrachteten. Inklusive sich selbst.

Kapitel 6 – Betonbuch

In meinem Nichtglauben an zwölf Thesen fertigte ich ein wie aus Stein gehauenes Buch aus Beton an. Dort steht geschrieben:

Warum bin ich hier? Weil mich meine Eltern in diese Welt gesetzt haben, ohne mich zu fragen. Warum haben mich meine Eltern nicht gefragt, ob ich gewillt bin, hier zu sein? Weil meine Eltern ebenfalls nicht gefragt wurden. Und deren Eltern wurden ebenso nicht gefragt. Wer wurde überhaupt gefragt, hier auf dieser Welt zu sein? Niemand wurde gefragt.

Generation um Generation wurde nicht gefragt. Was stand am Anfang der Frage?

Hat sich das Bakterium, was vor Jahrmillionen in den Giftschloten am Meeresgrund hauste, ein Haus gebaut? Bin ich eines der Häuser? Sind wir das trojanische Pferd der Bakterien, die auf der menschlichen Klaviatur gegeneinander Krieg führen?

Die aller unser Leben diktieren und gegenseitig mit uns russisch Roulette spielen?

Besteht die Möglichkeit, dass es ein Mensch schafft, sich aus der Schlangengrube der Bakterien zu befreien, die in ihm und an ihm unser Leben erst ermöglichen.

Kapitel 7 – alles ist eins

Schon wieder bin ich bei „Alles ist eins". Es drückt die Idee aus, dass alles im Universum miteinander verbunden ist und eine Einheit bildet. Diese Vorstellung findet sich in verschiedenen Formen in östlichen Religionen, wie dem Hinduismus, Buddhismus und Taoismus, sowie in westlichen philosophischen Ansätzen.

In östlichen Vorstellungen wird betont, dass alles Leben und alle Sachen Teil eines größeren Ganzen sind. Dies wird oft durch Begriffe wie „Brahman" im Hinduismus oder „Dao" im Taoismus ausgedrückt. Im Buddhismus wird die Idee der Verbundenheit und Einheit durch das Konzept des „Interseins" (Sanskrit: „Anatta" oder „Anatman") hervorgehoben, das besagt, dass keine Entität eine unabhängige, dauerhafte Identität hat.

In westlichen philosophischen Ansätzen wird „Alles ist eins" als eine Form des Monismus betrachtet werden, bei dem alle Phänomene und Erscheinungen auf eine grundlegende Substanz oder Realität zurückgeführt werden. Einige Philosophen haben ähnliche Ideen in ihren Werken erforscht, wie beispielsweise der deutsche Idealist Georg Wilhelm Friedrich Hegel.

Ich bezweifele, das „Alles ist eins" ein philosophisches Entwurf ist. Es ist konkret da. Dieses ES. Das alles durchdringt. Ich frage mich, wie der Organismus Mensch entstanden ist. An den Anfang jenes Körpers, der mich ausmacht.

Kapitel 8 – Schlachtfeld oder Wegbegleiter

Die Ejakulation, die ein Teil des Fortpflanzungsprozesses beim Menschen ist, werden normalerweise Millionen von Spermien ausgestoßen. Die genaue Anzahl variiert. Es wird geschätzt, dass durchschnittlich etwa 40 bis 150 Millionen Spermien pro Ejakulation freigesetzt werden. Diese Spermien schwimmen in die weiblichen Fortpflanzungsorgane und haben die Aufgabe, eine Eizelle zu befruchten.

Es ist wichtig zu beachten, dass trotz der großen Anzahl an Spermien, die freigesetzt werden, letzten Endes nur eines davon die Eizelle erfolgreich befruchtet, um eine Schwangerschaft zu initiieren. Die meisten Spermien werden auf ihrem Weg durch den weiblichen Genitaltrakt eliminiert, und nur wenige erreichen die Eizelle. Dieser Wettbewerb zwischen den Spermien ist ein wichtiger Teil des Fortpflanzungsprozesses und trägt zur genetischen Vielfalt bei.

Die Eliminierung der meisten Spermien auf dem Weg zur Eizelle ist ein natürlicher Teil des Fortpflanzungsprozesses und dient dazu, sicherzustellen, dass nur die fittesten Spermien die Eizelle erreichen. Es gibt etliche Gründe, warum so viele Spermien freigesetzt werden und warum nur eines von ihnen die Eizelle befruchtet:

Die Freisetzung von Millionen von Spermien erhöht die Wahrscheinlichkeit, dass zumindest eines von ihnen erfolgreich die Eizelle erreicht. Dies schafft eine Art Wettbewerb zwischen den Spermien, wobei das Leistungsstärkste oder am besten geeignete Spermium die besten Chancen hat, die Eizelle zu befruchten.

Der weibliche Genitaltrakt verfügt über verschiedene Abwehrmechanismen, die dazu dienen,

Krankheitserreger und Fremdkörper abzuwehren. Viele Spermien werden auf ihrem Weg durch den Genitaltrakt eliminiert, da sie diesen Abwehrmechanismen ausgesetzt sind. Dies ist ein Schutzmechanismus des weiblichen Körpers, um sicherzustellen, dass nur gesunde und lebensfähige Spermien die Eizelle erreichen.

Die Freisetzung vieler Spermien mit unterschiedlichen genetischen Merkmalen erhöht die genetische Vielfalt der Nachkommen. Dies ist wichtig für die Anpassungsfähigkeit und Evolution einer Population, da eine größere genetische Vielfalt die Chancen erhöht, dass einige Nachkommen besser an veränderte Umweltbedingungen angepasst sind.

Insgesamt ist die Freisetzung einer großen Anzahl von Spermien und die anschließende Eliminierung der meisten von ihnen ein evolutionär entwickelter Mechanismus, der die Wahrscheinlichkeit einer erfolgreichen Befruchtung erhöht und gleichzeitig die genetische Vielfalt fördert. Dies trägt dazu bei, die Fortpflanzungseffizienz und die Anpassungsfähigkeit von Arten zu gewährleisten.

Wenn ich mir so überlege, welche aufregende Reise ich durch den weiblichen Kosmos unternommen habe, um zwangsläufig der Sieger über mindestens 40 Millionen Konkurrenten zu sein, stellt sich die Frage, ob das überhaupt stimmt, was ich hier erzähle. Waren die vierzig Millionen anstatt Konkurrenten Wegbegleiter.

Wenn die gesamte Spermatogenese reguliert ist und etwa 64 bis 72 Tage vom Beginn der Vermehrung der Spermatogonien bis zur Reifung der Spermien dauert, frage ich mich, ob innerhalb der Produktionszeit der Spermien alle gleich herauskommen, die die Absicht haben, am Tag X das Ei zu befruchten.

Zumal zu betrachten ist, dass ich mindestens zwei Monate vor der Befruchtung im Produktionszyklus gesteckt habe. In welchem körperlichen Zustand war zu dieser Zeit mein Vater? In welchem Klima bin ich, das spätere Spermium, aufgewachsen und habe mich anders entwickelt, hinsichtlich meiner Zeitgenossen und Wegbegleiter.

Kapitel 9 – Perspektivwechsel

Der menschliche Organismus ist das Ergebnis eines langen evolutionären Prozesses. Die wissenschaftliche Erklärung für die Entstehung des menschlichen Körpers basiert auf der Theorie der biologischen Evolution durch natürliche Selektion, die von Charles Darwin entwickelt wurde.

Die Evolution des Menschen wird in groben Zügen wie folgt beschrieben.

Der menschliche Organismus teilt einen gemeinsamen Vorfahren mit anderen Primaten wie Schimpansen und Gorillas. Vor Millionen von Jahren entwickelten sich aus diesen gemeinsamen Vorfahren unterschiedliche evolutionäre Linien.

Eine der Charakteristiken des Menschen ist der aufrechte Gang. Dies ermöglichte es unseren Vorfahren, sich auf zwei Beinen fortzubewegen, was eine effizientere Nutzung der Hände für Werkzeuge und andere Aktivitäten ermöglichte.

Im Laufe der Evolution vergrößerte sich das menschliche Gehirn allmählich, was zu einer Zunahme der kognitiven Fähigkeiten führte. Dies ist auf die zunehmende Komplexität der sozialen

Interaktionen, Werkzeugnutzung und Problemlösung zurückzuführen.

Die Fähigkeit, Werkzeuge zu nutzen, zu entwickeln und zu verfeinern, war ein wichtiger Schritt in der evolutionären Entwicklung des Menschen. Der Gebrauch von Werkzeugen ermöglichte es unseren Vorfahren, ihre Umgebung besser zu kontrollieren und sich damit anzupassen.

Die Bildung von sozialen Gruppen und Gemeinschaften war ein Schlüsselfaktor in der Evolution des Menschen. Die Zusammenarbeit innerhalb von Gruppen ermöglichte es den Menschen, erfolgreichere Strategien zur Nahrungsbeschaffung und Verteidigung zu entwickeln.

Die Weitergabe von Wissen von einer Generation zur nächsten, sei es durch Sprache, Geschichten oder andere Formen der Kommunikation, führte zur kulturellen Evolution. Kulturelle Innovationen wie Sprache, Kunst, Religion und Technologie trugen zur Entwicklung der menschlichen Gesellschaft bei.

Die Evolution ist ein komplexer und fortschreitender Prozess ist, der über Millionen von Jahren stattfand und von einer Vielzahl von Kräften beeinflusst wurde, darunter Umweltveränderungen, genetische Variationen und zufällige

Mutationen. Die moderne Wissenschaft stützt sich auf eine breite Palette von Beweisen aus verschiedenen Disziplinen wie Paläontologie, Genetik, Anthropologie und vergleichender Anatomie, um unser Verständnis von der Entstehung des menschlichen Organismus zu vertiefen.

Kapitel 10 – Primaten und Gorillas

Der Organismus der Primaten, zu denen die Menschen und Gorillas gehören, ist das Ergebnis eines langen evolutionären Prozesses, der über Millionen von Jahren stattgefunden hat. Die Entwicklungsgeschichte der Primaten und Gorillas wird wie folgt skizziert werden:

Primaten gehören zur Klasse der Säugetiere. Vor mehr als 65 Millionen Jahren entwickelten sich die Säugetiere aus ihren reptilienähnlichen Vorfahren. Diese frühen Säugetiere hatten längst einige der Merkmale, die später für Primaten charakteristisch wurden, wie zum Beispiel größere Gehirne im Verhältnis zur Körpergröße.

Vor etwa 60 Millionen Jahren entwickelte sich eine Gruppe von Säugetieren, die als Primaten bezeichnet werden. Zu den Merkmalen, die Primaten von anderen Säugetieren unterscheiden, gehören die Entwicklung von stereoskopischem Sehen (räumliches Sehen), vergrößerte Gehirne und das Vorhandensein von Greifhänden mit opponierbarem Daumen und Zeh.

Im Laufe der Zeit entwickelten sich verschiedene Linien von Primaten. Einige dieser Linien führten zur Entstehung von Affen, einschließlich Menschenaffen wie Gorillas, Schimpansen und Orang-Utans.

Die Entwicklungslinie, die zu den Menschenaffen führt, divergierte vor Millionen von Jahren von anderen Primatenlinien. Im Laufe der Zeit entwickelten sich verschiedene Arten von Menschenaffen mit unterschiedlichen Merkmalen und Anpassungen an ihre jeweiligen Lebensräume.

Die Gorillas sind eine Gruppe von Menschenaffen, die sich in Afrika entwickelt hat. Sie teilen einen gemeinsamen Vorfahren mit den anderen Menschenaffen, einschließlich Menschen, Schimpansen und Bonobos. Im Laufe der Evolution haben sich Gorillas an das Leben in Wald- und Bergregionen angepasst, was zu ihrer charakteristischen Körpergröße, Körperform und Verhaltensweise geführt hat.

Die Evolution ist ein komplexer und schrittweiser Prozess, der von einer Vielzahl von Umständen beeinflusst wird, darunter Umweltveränderungen, genetische Variationen, natürliche Selektion und zufällige Mutationen. Die Evolution der Primaten und Gorillas stammen aus einer Kombination von Beweisen aus Fossilien, genetischen Studien und vergleichender Anatomie.

Kapitel 11 – reptilienähnlichen Vorfahren

Einen weiteren Schritt der Evolution entlang zur Entstehung der reptilienähnlichen Vorfahren der Säugetiere und somit der Primaten verlief über einen langen Zeitraum von evolutionären Veränderungen und Anpassungen. Die genaue Abfolge und Details dieses Prozesses sind Gegenstand wissenschaftlicher Forschung.

Die Vorfahren der reptilienähnlichen Tiere waren Fische, die vor etwa 385 Millionen Jahren das Leben an Land wagten. Diese frühen Landwirbeltiere, Tetrapoden genannt, entwickelten anatomische Anpassungen, um sich an das Leben an Land anzupassen, wie zum Beispiel Lungen statt Kiemen für die Atmung.

Eine Linie der frühen Tetrapoden entwickelte sich weiter zu den Amphibien. Diese Tiere, wie zum Beispiel frühe Amphibien und Labyrinthodontier, besiedelten Land, wie das Wasser. Sie waren immer eng mit feuchten Umgebungen verbunden und legten ihre Eier oft im Wasser ab.

Vor etwa 310 Millionen Jahren entwickelten sich die ersten Amnioten, eine Gruppe von Wirbeltieren, die eine wichtige Anpassung hatten: das Amnion, eine wasserundurchlässige Eihülle, die es ermöglichte, Eier an Land abzulegen, ohne dass sie austrockneten. Dies war ein entscheidender Schritt in Richtung einer vollständigeren Anpassung an das Landleben.

Aus den amniotischen Vorfahren entwickelten sich reptilienähnliche Amnioten, die sich in verschiedenen ökologischen Nischen ausbreiteten. Sie entwickelten sich in verschiedene Gruppen wie die Anapsiden, Synapsiden und Diapsiden. Die Synapsiden-Linie führte zu den Säugetieren.

Die Synapsiden waren eine Gruppe von reptilienähnlichen Tieren, die Merkmale hatten, die denen der heutigen Säugetiere ähnelten. Im Laufe der Evolution entwickelten sie größere Gehirne, spezialisierte Zähne und ein besseres Temperaturregulationssystem. Einige dieser synapsiden Vorfahren entwickelten sich zu den frühen Säugetieren.

Vor etwa 200 Millionen Jahren entwickelten sich die frühen Säugetiere aus den säugetierähnlichen Synapsiden. Diese Tiere hatten einige Merkmale, die für Säugetiere charakteristisch sind, wie zum Beispiel das Stillen der Jungen mit Milchdrüsen und ein komplexes Gebiss.

Im Laufe der Zeit entwickelten sich diese frühen Säugetiere in verschiedene Richtungen, was zu einer Vielzahl von Säugetierarten führte, darunter die Primaten.

Kapitel 12 – Fischstäbchen

Die Entstehung der Fische und ihre Evolution sind Teil eines langen Prozesses der biologischen Evolution, der sich über Hunderte von Millionen Jahren erstreckt.

Die frühesten Vorläufer der Fische waren mutmaßlich meeresbewohnende Wirbeltiere, die sich vor über 500 Millionen Jahren aus mehrzelligen Organismen entwickelten. Diese frühen Wirbeltiere waren simple, fischähnliche Tiere ohne Kiefer oder Knochen.

Vor etwa 500 Millionen Jahren entstanden die ersten Fische mit Kiefern. Diese Fische, bekannt als Agnatha, umfassen kieferlose Fische wie die Hagfische und Neunaugen. Sie hatten derzeit keine Kiefer und knorpelige Strukturen anstelle von Knochen.

Vor etwa 450 Millionen Jahren entwickelten sich die Placodermi, eine ausgestorbene Gruppe von Fischen mit Knorpelskelett, und die Chondrichthyes, zu denen heutige Knorpelfische wie Haie, Rochen und Chimären gehören. Diese Fische hatten Knorpel und entwickelten sich zu einer Vielzahl von Formen und Größen.

Vor etwa 420 Millionen Jahren entwickelten sich die Osteichthyes, eine Gruppe von Fischen mit Knochenskelett. Diese Gruppe umfasst die meisten modernen Fische, einschließlich Knochenfische wie Barsche, Hechte, Karpfen, Lachse und viele andere.

Im Laufe der Evolution entwickelten sich bei den Fischen verschiedene Arten von Flossen, die ihnen halfen, sich im Wasser fortzubewegen, sich zu balancieren und zu manövrieren. Zu diesen Flossen gehören Brustflossen, Bauchflossen, Rückenflossen, Schwanzflossen und Afterflossen.

Im Verlauf der Evolution haben sich Fische in eine erstaunliche Vielfalt von Arten entwickelt, die verschiedene Lebensräume besiedeln, unterschiedliche Ernährungsgewohnheiten haben und verschiedene Fortbewegungsmethoden nutzen.

Kapitel 13 - Mehrzeller

Ursprung der Eukaryoten: Vor etwa 2,5 Milliarden Jahren entwickelten sich die ersten Eukaryoten, Zellen mit einem komplexeren Aufbau als Prokaryoten (z.B. Bakterien). Eukaryoten entstanden scheinbar durch Endosymbiose, bei der eine Zelle eine andere aufnahm und sich in einer symbiotischen Beziehung entwickelte. Dies ermöglichte die Entstehung komplexerer Organismen.

Einzellige Eukaryoten fingen an, sich in Gruppen oder Kolonien zusammenzuschließen. Diese Kolonien könnten unterschiedliche Aufgaben übernehmen und ermöglichten so eine Arbeitsteilung zwischen den Zellen.

Vor etwa 1 Milliarde Jahren entwickelten einige koloniale Eukaryoten die Fähigkeit zur Zelladhäsion, bei der Zellen miteinander in Kontakt blieben und sich zu größeren Strukturen zusammenfügten. Dies war ein entscheidender Schritt zur Bildung mehrzelliger Organismen.

Im Laufe der Zeit entwickelten sich die Zellen in diesen mehrzelligen Strukturen zunehmend zu unterschiedlichen Kategorien, die spezialisierte Aufgaben übernahmen. Diese Arbeitsteilung und Spezialisierung führte zur Entstehung von Geweben und Organen.

Vor etwa 600 Millionen Jahren kam es zur sogenannten kambrischen Explosion, einem relativ kurzen geologischen Zeitraum, in dem eine Vielzahl von komplexen mehrzelligen Organismen erstmals in den Fossilienaufzeichnungen auftauchte. Dies war eine Periode intensiver Diversifizierung, in der viele der Haupttiergruppen entstanden.

Im Laufe der Zeit entwickelten sich immer komplexere und vielfältigere mehrzellige Organismen. Ein bedeutender Schritt war der Übergang von Meer auf Land, bei dem sich einige wirbellose Tiere entwickelten, um das terrestrische Leben zu besiedeln.

Kapitel 14 – vor den Eukaryoten

Vor der Entstehung der ersten Eukaryoten gab es eine lange Phase der evolutionären Entwicklung von Prokaryoten, den einfachsten und primitivsten Zellen. Prokaryoten sind die beiden Hauptgruppen von Mikroorganismen: Bakterien und Archaeen. Diese Organismen waren die ersten, die auf der Erde entstanden und haben eine entscheidende Rolle in der Entwicklung des Lebens auf unserem Planeten gespielt.

Der genaue Ursprung des Lebens auf der Erde ist Gegenstand aktiver Forschung und Debatte. Es wird vermutet, dass simple organische Moleküle in der frühen Erdatmosphäre entstanden sind und sich in primitiven Ozeanen zu immer komplexeren chemischen Verbindungen entwickelt haben. Diese frühen Moleküle könnten dann zu den ersten selbstreproduzierenden Einheiten geführt haben, die als Vorläufer des Lebens betrachtet werden könnten.

Ursprung der Prokaryoten: Die ersten Organismen, die auf der Erde auftraten, waren offenkundig Prokaryoten. Diese waren simpele, einzellige Organismen ohne Zellkern oder Membran-begrenzte Organellen. Es wird angenommen, dass Bakterien und Archaeen aus dieser Phase der Evolution stammen.

Prokaryoten entwickelten sich in verschiedenen Formen und Anpassungen. Sie bevölkerten verschiedene ökologische Nischen und entwickelten unterschiedliche Stoffwechselwege, um Energie zu gewinnen.

Im Laufe der Zeit entwickelten sich verschiedene evolutionäre Innovationen bei den Prokaryoten, darunter die Entwicklung von Photosynthese bei einigen Bakterien.

Die Photosynthese führte zur Produktion von Sauerstoff und hatte einen tiefgreifenden Einfluss auf die Zusammensetzung der Erdatmosphäre.

Die genaue Abfolge der Ereignisse, die zur Entstehung der ersten Eukaryoten führten, ist nicht vollständig verstanden. Es wird vermutet, dass es zu einer Endosymbiose kam, bei der eine Prokaryote eine andere aufnahm und eine symbiotische Beziehung einging. Diese Ereignisse könnten zu der Entstehung von Zellkernen und anderen Organellen, wie Mitochondrien und Plastiden, geführt haben.

Die Entstehung der ersten Eukaryoten markiert einen wichtigen evolutionären Schritt, der zu komplexeren mehrzelligen Organismen führte. Es ist wichtig, anzumerken, dass die frühen Phasen der evolutionären Geschichte des Lebens auf der Erde viele offene Fragen aufwerfen und intensiver Forschung bedürfen.

Kapitel 15 – organische Moleküle

Organische Moleküle sind chemische Verbindungen, die Kohlenstoff als Hauptbestandteil enthalten und oft Wasserstoff, Sauerstoff, Stickstoff, Schwefel und andere Elemente einschließen. Kohlenstoff ist ein vielseitiges Element, das die Fähigkeit hat, lange Ketten oder komplexe Verzweigungen zu bilden und so eine breite Vielfalt von Molekülen zu schaffen. Organische Moleküle sind die Bausteine des Lebens und bilden die

Grundlage für alle lebenden Organismen auf der Erde.

Kohlenhydrate: Dazu gehören Zucker und Stärken, die als Hauptquelle für Energie in lebenden Organismen dienen. Beispiele sind Glukose, Fructose und Cellulose.

Fette und Lipide: Diese Moleküle dienen als Energiespeicher und bilden die Struktur von Zellmembranen. Sie umfassen Triglyceride, Phospholipide und Steroide.

Proteine: Proteine sind Bausteine für Zellen und Gewebe und erfüllen eine Vielzahl von Tätigkeiten im Körper, wie z.B. als Enzyme, Transportmoleküle oder strukturelle Elemente. Aminosäuren sind die Bausteine von Proteinen.

Nukleinsäuren: DNA (Desoxyribonukleinsäure) und RNA (Ribonukleinsäure) sind Nukleinsäuren, die genetische Informationen tragen und übertragen. Sie sind essenziell für die Vererbung und Steuerung von Lebensprozessen.

Vitamine: Diese organischen Moleküle sind für viele Stoffwechselprozesse und Wachstumsfunktionen im Körper unerlässlich.

Hormone: Hormone sind chemische Botenstoffe, die vom Körper produziert werden, um verschiedene physiologische Kommando zu regulieren. Beispiele sind Insulin, Östrogen und Testosteron.

Enzyme: Enzyme sind spezialisierte Proteine, die als Katalysatoren fungieren und chemische Reaktionen im Körper beschleunigen, ohne dabei selbst verbraucht zu werden.

Organische Moleküle sind für die grundlegenden biologischen Prozesse verantwortlich und spielen eine entscheidende Rolle in der Struktur, in der Funktionalität sowie und Regulation von Zellen und lebenden Organismen.

Kapitel 16 – Archaeen.

Archaeen (Archaebakterien oder Archäen genannt) sind eine der drei Hauptgruppen von Mikroorganismen und gehören zu den beiden Domänen des Lebens, die von den Prokaryoten (die anderen sind Bakterien) gebildet werden. Archaeen sind bemerkenswerte Organismen mit speziellen Eigenarten und spielen eine wichtige Rolle in verschiedenen Ökosystemen.

Der Name „Archaea" leitet sich von dem griechischen Wort „archaios" ab, was „uralt" oder „primitiv" bedeutet. Dies spiegelt wider, dass

Archaeen als einige der ältesten Organismen auf der Erde gelten und seit Milliarden von Jahren existieren.

Viele Archaeen wurden ursprünglich in extremen Umgebungen wie heißen Quellen, Salzseen, sauren Böden und sogar unter extrem hohem Druck in der Tiefsee entdeckt. Sie sind extremophile Organismen, die sich an extrem unterschiedliche und oft lebensfeindliche Bedingungen anpassen.

Die Zellmembranen von Archaeen unterscheiden sich von denen von Bakterien und Eukaryoten. Sie bestehen aus ungewöhnlichen Lipiden, sogenannten Isoprenoidether-Lipiden, die ihnen eine erhöhte Stabilität und Resistenz gegenüber extremen Bedingungen verleihen.

Archaeen sind metabolisch vielfältig und nutzen eine Reihe von Stoffwechselwegen, um Energie zu gewinnen. Einige betreiben Photosynthese, in der Zwischenzeit andere chemolithotroph (Energiegewinnung aus anorganischen Verbindungen) oder heterotroph (organische Verbindungen als Energiequelle nutzen.

Archaeen unterscheiden sich genetisch von Bakterien und Eukaryoten. Sie haben RNA-Polymerasen, die für die Transkription von DNA in

RNA benötigt werden, sowie Ribosomen, die für die Proteinproduktion verantwortlich sind.

Aufgrund ihrer speziellen Charakteristika und Fähigkeiten haben Archaeen biotechnologisches Potenzial. Sie werden in verschiedenen Anwendungen wie Umweltreinigung, Lebensmittelverarbeitung und biotechnologischer Forschung genutzt.

Es ist wichtig zu beachten, dass Archaeen, obwohl sie oft als Bakterien bezeichnet werden, genetisch und strukturell signifikant von Bakterien unterschieden werden. Die Entdeckung von Archaeen hat unser Verständnis über die Vielfalt des Lebens und die Anpassungsfähigkeit von Organismen erweitert.

Kapitel 17 – am Menschen

Archaeen leben in und am Menschen, obwohl sie im Vergleich zu Bakterien und Eukaryoten weniger häufig vorkommen. Archaeen wurden in verschiedenen menschlichen Geweben und Umgebungen nachgewiesen, darunter der Mund-

höhle, dem Darm, der Haut und anderen Körperbereichen. Hier sind einige Beispiele, wo
Archaeen im menschlichen Körper gefunden
wurden:

Einige Archaeen wurden in der Mundhöhle
gefunden, wo sie Teil der oralen Mikrobiota sind.
Sie tragen zur Mundgesundheit und zur Erhaltung
eines gesunden Gleichgewichts der Mikroorganismen bei.

Im menschlichen Darm wurden Archaeen
nachgewiesen. Sie kommen dort in geringerer
Menge vor als Bakterien, aber sie könnten den-
noch eine Rolle bei der Verdauung und der Erhaltung eines ausgeglichenen Darmmikrobioms spielen.

Archaeen wurden auf der menschlichen Haut
gefunden. Sie sind in geringerer Menge vor-
handen als Bakterien und könnten eine Rolle bei
der Erhaltung eines gesunden Hautmilieus spielen.

Untersuchungen haben gezeigt, dass Archaeen
in Körperbereichen wie dem Urogenitaltrakt
(Harnwege und Genitalien) vorkommen, obwohl
ihre Anwesenheit dort nicht verstanden wird.

Die Rolle der Archaeen im menschlichen
Körper und ihre Auswirkungen auf die Gesund-

heit sind nicht so umfassend erforscht wie die von Bakterien. Die meisten wissenschaftlichen Untersuchungen haben sich bisher auf Bakterien und Eukaryoten konzentriert. Es gibt wachsendes Interesse an der Erforschung der Rolle und Bedeutung von Archaeen für die menschliche Gesundheit und das Mikrobiom.

Kapitel 18 – was war zuerst

Es wird vermutet, dass Bakterien zuerst auf der Erde auftraten, gefolgt von Archaeen und den Eukaryoten. Diese Hypothese basiert auf den Hinweisen aus Fossilienaufzeichnungen, genetischen Analysen und Vergleichen der evolutionären Merkmale dieser Organismen.

Die zeitliche Abfolge der Entwicklung des Lebens auf der Erde wird in folgender Reihenfolge vermutet:

Die einfachsten Formen des Lebens, die Prokaryoten (Bakterien), werden als erste Organismen auf der Erde vermutet. Diese Organismen existierten vor Milliarden von Jahren und sind seitdem erfolgreich und vielfältig.

Archaeen sind ebenfalls Prokaryoten, die ähnlich wie Bakterien Zellen ohne Zellkern oder Membran-begrenzte Organellen besitzen. Es wird angenommen, dass sie nach den Bakterien entstanden sind. Obwohl Archaeen und Bakterien sich in vielen Aspekten ähneln, haben sie deutliche Unterschiede, sowohl in ihrer Genetik als in ihren Lebensräumen.

Die Entwicklung von Eukaryoten, die Zellen mit einem komplexeren Aufbau, einem echten Zellkern und Organellen wie Mitochondrien und Plastiden besitzen, wird als späterer Schritt in der Evolution betrachtet. Es wird angenommen, dass Eukaryoten durch Endosymbiose entstanden sind, bei der Prokaryoten sich in andere Zellen eingebettet und eine symbiotische Beziehung eingegangen sind. Dies führte zur Entwicklung von komplexeren Organismen, zu denen letztlich Pflanzen, Tiere und Pilze gehören.

Die zeitliche Abfolge der Entwicklung des Lebens auf der Erde ist ein komplexes und immer aktives Forschungsgebiet. Fossilienaufzeichnungen sind oft begrenzt, und die genaue Reihenfolge der Ereignisse ist schwer zu bestimmen. Die oben beschriebene Abfolge basiert auf aktuellen wissenschaftlichen Erkenntnissen, wird aber in

Zukunft durch neue Entdeckungen und For-
schungen weiter verfeinert.

Kapitel 19 – Überleben im Kosmos

Es wird vermutet, dass Bakterien, aufgrund
ihrer Fähigkeit, extrem unterschiedliche
Umgebungen zu besiedeln und anpassungsfähig
zu sein, in der Lage sein könnten, im Kosmos zu
überleben, insbesondere in den extremen Bedingungen des Weltraums.

Im Weltraum gibt es erhöhte Mengen an Strahlung, einschließlich kosmischer Strahlung und
energiereicher Teilchen von der Sonne. Diese
Strahlung beschädigt die DNA und andere biologische Moleküle. Einige Bakterien haben
Mechanismen entwickelt, um sich vor dieser
Strahlung zu schützen.

Im Vakuum des Weltraums gibt es keinen Luft-
druck und keine Atmosphäre. Bakterien haben die
Möglichkeit, in Schutzräumen oder innerhalb von
Partikeln, wie Staub oder Mikrometeoriten, zu
überleben.

Die Temperaturen im Weltraum variieren
extrem. Im Schatten wird es extrem kalt, derweil

direktes Sonnenlicht zu extremer Hitze führt. Einige Bakterien überleben in extremen Temperaturen.

Die geringe Feuchtigkeit im Weltraum führt zu Dehydratation, was für die meisten Mikroorganismen problematisch ist. Einige Bakterien haben die Fähigkeit, in dieser Trockenheit zu überleben, solange sie in einem ruhenden Zustand bleiben.

Die ultraviolette (UV) Strahlung der Sonne schädigt biologische Moleküle. Bakterien könnten durch spezielle Pigmente oder andere Mechanismen vor UV-Strahlung geschützt werden.

Es wird diskutiert, ob Bakterien durch Asteroideneinschläge oder Kometenkollisionen von einem Planeten zum anderen reisen könnten, was als Panspermie bezeichnet wird.

Konkret wurden Bakterien in verschiedenen Experimenten und Studien auf der internationalen Raumstation (ISS) gefunden, was darauf hindeutet, dass sie in der Lage sind, im Weltraum zu überleben. Diese Ergebnisse sind Gegenstand wissenschaftlicher Untersuchungen, und es ist unklar, wie lange Bakterien unter Weltraumbedingungen überleben.

Kapitel 20 – Panspermie

Wenn die Möglichkeit der sogenannten Panspermie besteht, wäre die Frage, wie und wo die Mikroorganismen anderweitig entstanden sind?

Dass das Leben auf der Erde (oder auf anderen Himmelskörpern) durch Mikroorganismen aus dem Weltraum stammt, legt die Hypothese nahe, dass Bakterien, Archaeen oder sogar eukaryotische Zellen durch Kometen, Asteroiden oder interstellaren Staub auf die Erde gelangt sind. Allein das wir darüber nachdenken, wie und wo diese Mikroorganismen anderweitig entstanden sein könnten, lässt mich erstaunen. Alles ist eins.

Es gibt verschiedene Szenarien und Theorien darüber, wie die Panspermie funktioniert.

Mikroorganismen könnten von einem Planeten oder einem Mond eines Sonnensystems auf einen anderen übertragen werden. Zum Beispiel könnten Asteroiden oder Kometen, die Mikroben auf ihrer Oberfläche tragen, bei einem Einschlag auf einem anderen Himmelskörper diese Mikroben freisetzen.

Die Idee der interstellaren Panspermie besagt, dass Mikroorganismen zwischen verschiedenen Sonnensystemen im interstellaren Raum reisen könnten. Reisebegleiter wären in diesem Fall Kometen oder Mikrotrümmer, die von einer Sonne zur nächsten „springen".

Eine weitere Möglichkeit ist, dass das Leben in einer anderen Umgebung im Universum entstanden ist, sei es auf einem anderen Planeten, einem Mond oder sogar in interstellaren Wolken. Diese Organismen könnten dann auf natürliche Art in den Raum entkommen und durch Panspermie verbreitet werden.

Die Panspermie-Theorie ist zwar faszinierend, aber spekulativ, wobei einige wissenschaftliche Fragen offenbleiben. Die genaue Herkunft des Lebens und wie es auf die Erde gekommen sein ist, sind Themen aktiver Forschung und wissenschaftlicher Diskussion. Zukünftige Weltraummissionen und Fortschritte in der Astrobiologie könnten uns mehr Einblicke in diese Fragen geben.

Was für ein Gedankenkonstrukt. Woher ist etwas gekommen. Woher stammt etwas? Warum wird betont, dass die Erde keine Verbindung zum Kosmos hat. Es kommt jenes von hier. Es kommt jenes von dort. Die Erde gehört nicht zum Kosmos. Sie ist freigestellt von allen Verbindungen. Was für ein Treppenwitz. Die Sonne hat demnach keinen Einfluss. Der Mond erst recht nicht. Geschweige denn die Galaxie, in der wir uns bewegen. Wir haben eine flache Erde und sind Mittelpunkt der Welt. Eine simple Lösung für zu klein geratene Hirne.

Kapitel 21 – keimfrei

Gibt es selbstständig, überlebensfähige, keimfreie Menschen?

Bakterien sind ein wesentlicher Bestandteil des menschlichen Mikrobioms, das die Vielzahl von Mikroorganismen bezeichnet, die auf und in unserem Körper leben. Diese Mikroorganismen, einschließlich Bakterien, erfüllen wichtige Aufgaben für unsere Gesundheit, einschließlich der Unterstützung des Verdauungssystems, des Immunsystems und anderer lebenswichtiger Prozesse.

Es ist unwahrscheinlich, dass ein Mensch ohne Bakterien überlebt, da diese Mikroorganismen in viele lebenswichtige Aufgaben involviert sind. Das Mikrobiom spielt eine Rolle bei der Verdauung von Nahrung, der Aufnahme von Nährstoffen, der Abwehr von Krankheitserregern und der Regulation des Immunsystems. Ein Mangel an Bakterien führt zu schwerwiegenden gesundheitlichen Problemen.

Es ist möglich, dass es in extrem seltenen Fällen Menschen mit einem unausgewogenen oder geschwächten Mikrobiom gibt, aufgrund von Erkrankungen oder medizinischen Behandlungen. Diese Situationen sind mit schwerwiegenden Gesundheitsproblemen verbunden und erfordern medizinische Intervention.

Insgesamt sind Bakterien und andere Mikroorganismen ein integralen Bestandteil der menschlichen Gesundheit und des Ökosystems. Unsere Abhängigkeit von Bakterien und anderen Mikroorganismen unterstreicht die Bedeutung eines gesunden Mikrobioms für unser Wohlbefinden.

Kapitel 22 – warum Adam und Eva

Wenn Gott den Menschen erschaffen hat, bleibt die Frage, wer oder was Gott ist. Oder dessen Stellvertreter.

Das Thema ist von religiöser und philosophischer Bedeutung, das in verschiedenen Religionen und Glaubenssystemen unterschiedlich interpretiert wird. Hier sind einige der häufigsten Ansichten aus verschiedenen religiösen Traditionen:

Im Christentum wird in der Genesis des Alten Testaments der Bibel beschrieben, dass Gott den Menschen (Adam und Eva) erschuf, indem er den ersten Menschen aus Erde formte und ihm dann „den Atem des Lebens" einhauchte.

Im Islam wird geglaubt, dass Allah (Gott) den ersten Menschen, Adam, aus Erde erschaffen hat. Adam wurde von Allah persönlich geschaffen und dann von den Engeln verehrt.

Die jüdische Tradition ähnelt der christlichen Darstellung, da sie ebenfalls die Erschaffung von Adam und Eva aus Erde erwähnt.

Der Hinduismus hat keine einheitliche Schöpfungsgeschichte, da er aus vielen verschiedenen Strömungen und Glaubensrichtungen besteht.

Einige Hindu-Texte erwähnen Schöpfungs-mythen, in denen göttliche Kräfte die Welt und die Menschen erschaffen.

Der Buddhismus legt weniger Wert auf eine Schöpfungsgeschichte im traditionellen Sinne. Stattdessen betont er das Konzept von Wieder-geburt und Karma, bei dem das menschliche Leben durch Handlungen in vorherigen Leben beeinflusst wird.

Es ist wichtig zu beachten, dass diese Inter-pretationen auf religiösen Überlieferungen und Glaubenssystemen basieren. Andere Weltan-schauungen, wie z. B. naturwissenschaftliche Erklärungen, betonen die Evolutionstheorie und den Prozess der natürlichen Selektion als Mecha-nismus für die Entwicklung des Lebens auf der Erde.

Es sei denn, das Alte Testament meint mit ERDE = Bakterien, die in welcher Menge in einem Kubikzentimeter Erde existieren.

Hier höre ich die Bakterien schon selbst spre-chen.

Die Anzahl der Bakterien in einem Kubikzenti-meter Erde variiert, abhängig von verschiedenen Umständen wie Bodentyp, Feuchtigkeit, Nährstoffgehalt und Umgebung. In gesunder Erde ist die Bakteriendichten hoch.

Schätzungen zufolge kommen in einem Gramm gesunder Erde (ca. einem Kubikzentimeter) bis zu einer Milliarde Bakterien vor. Diese Schätzung variieren, und die tatsächliche Anzahl ist je nach verschiedenen Zuständen schwankend.

Es ist wichtig zu beachten, dass der Boden ein äußerst komplexes Ökosystem ist, das neben Bakterien andere Mikroorganismen, Pilze, Pflanzenwurzeln, Insekten und andere Lebewesen umfasst. Die mikrobielle Vielfalt im Boden spielt eine entscheidende Rolle bei Nährstoffkreisläufen, der Bodenfruchtbarkeit und vielen anderen ökologischen Prozessen.

Warum sehe ich weit und breit nur Bakterien. Pupsen sie direkt oder indirekt in mein Hirn mit Ihren Drogen? All diejenigen, die mit ihrem Gas Wetter bestimmen. Steuern sie meine Dummheit, nicht befugt zu sein, zu hören? Oder spielt Dummheit oder Klugheit in diesem Spiel überhaupt keine Rolle.

Wenn ich jetzt frage, ob die Bakterien uns durch sich selbst erschaffen haben, gibt es von welcher offiziellen Seite eine sonderbare Erklärung.

Die Idee, dass Bakterien die Entstehung oder Evolution des Menschen in irgendeiner absichtlichen Weise beeinflusst oder gesteuert hätten, ist eine wissenschaftlich nicht unterstützte Hypothese und wird in der wissenschaftlichen Gemeinschaft nicht ernsthaft diskutiert. Die Evolution von Organismen, einschließlich des Menschen, beruht auf einem komplexen Zusammenspiel von genetischer Variation, natürlicher Selektion und Umweltfaktoren.

Hier erhebe ich Einspruch. Handelt der Mensch bewusst und absichtlich? Steuert der Mensch irgendetwas?

Ich fühle mich von diesem System Bakterien vollkommen verarscht.

Bakterien sind Mikroorganismen, die eine große Vielfalt von Lebensräumen besiedeln, von extremen Umgebungen bis hin zu unserem eigenen Körper. Sie haben im Laufe der Evolution unterschiedliche Wege eingeschlagen, um sich an verschiedene Ökosysteme anzupassen und zu überleben. Die Vorstellung, dass Bakterien mit einer Absicht oder Zielsetzung agieren könnten, wie die Erschaffung des Menschen, entspricht nicht den Prinzipien der biologischen Evolution und ist nicht durch wissenschaftliche Beweise gestützt.

Die Evolution des Menschen und anderer Lebewesen ist das Ergebnis von Millionen von Jahren genetischer Veränderungen und Anpassungen, die durch natürliche Selektion und zufällige Mutationen angetrieben wurden. Indessen Bakterien eine wichtige Rolle im menschlichen Mikrobiom spielen und unsere Gesundheit beeinflussen, ist es wichtig, wissenschaftliche Erkenntnisse von spekulativen Hypothesen zu unterscheiden.

Wissenschaftliche Erkenntnisse gegenüber spekulativen Hypothesen. Es wird etwas behauptet, was in der nächsten Sekunde von demselben Etwas widerlegt wird.

Kapitel 23 – ohne Bakterien

Behauptung: Wenn der Mensch nicht in der Lage ist, ohne Bakterien zu leben, würde er nicht existieren.

Das ist korrekt. Bakterien sind für das Überleben und die Gesundheit des Menschen von entscheidender Bedeutung. Der Mensch existiert in einer engen und komplexen Beziehung mit Bakterien und anderen Mikroorganismen, die zusammen das menschliche Mikrobiom bilden. Ohne diese Mikroorganismen, einschließlich Bakterien, wäre das Leben des Menschen nicht möglich, wie wir es kennen.

Das menschliche Mikrobiom erfüllt eine Vielzahl von Besonderheiten, die für unsere Gesundheit und unser Wohlbefinden entscheidend sind:

Bakterien im Darm sind an der Verdauung von Nahrung beteiligt, helfen bei der Aufnahme von Nährstoffen und produzieren wichtige Vitamine und andere Verbindungen.

Das Mikrobiom spielt eine wichtige Rolle bei der Entwicklung und Regulierung des Immunsystems. Es unterstützt die Abwehr von Krankheitserregern und fördert die Immunantwort.

Bakterien im Darm beeinflussen den Stoffwechsel und beeinflussen den Energiehaushalt des Körpers.

Ein gesundes Mikrobiom hilft, das Wachstum von potenziell schädlichen Bakterien zu kontrollieren und Infektionen vorzubeugen.

Bakterien tragen zur Erhaltung einer gesunden Darmflora bei und schützen vor Verdauungsstörungen und anderen Problemen.

Ein ausgeglichenes Mikrobiom reduziert Entzündungen und verringert das Risiko chronischer Krankheiten.

Das menschliche Mikrobiom ist äußerst vielfältig und dynamisch, und seine Zusammensetzung variiert von Person zu Person. Die enge Beziehung zwischen Mensch und Bakterien verdeutlicht die wichtige Rolle, die Mikroorganismen in unserer biologischen Existenz spielen.

Das Ende vom Lied – die Bakterien verarschen uns. Ich das Bakterium verarsche mich. Das Bakterium verarscht sich selbst. In was für einer Wirklichkeit lebe ich?

Kapitel 24 – und doch ferngesteuert

Der Vagusnerv verschaltet Gehirn und Darm direkt miteinander. Mediziner hielten ihn lange für eine Art Megaphon "Gehirn an Darm". Heute ist klar: 90 Prozent der Informationen funkt der Darm nach oben. Unzählige Akteure beteiligen

sich an dem lebhaften Austausch beider Nerven-
systeme. Professor Peter Holzer, medizinische
Universität Graz.

Die Darmzellen, Nervenstränge, Immunzellen
im Bauch sind nicht allein. Ein weiterer, gewalti-
ger Mitspieler mischt sich ein, genau genommen
sind es Billionen: die Bakterien im menschlichen
Dickdarm, dem am dichtesten besiedelten Ökosystem, das die Forschung überhaupt kennt. In
jedem Gramm Darminhalt leben mehr Mikroben
als Menschen auf der Erde. Das sogenannte
"Mikrobiom" besteht aus insgesamt 100 Billionen
Einzellern, mehr als der Körper selbst an Zellen
besitzt. DNA-Analysen lassen über 1000 unterschiedliche Arten erkennen, pro Mensch sind es
zwei- bis fünfhundert in einer höchst indivi-
duellen Mischung. Nicht einmal Forscher haben
all die Bakterienarten zu Gesicht bekommen,
denn die Hälfte davon lässt sich bislang nicht
künstlich kultivieren. Patrizia Kump, medizinische Universität Graz.

Wir haben hundertmal mehr bakterielle Gene
in uns als menschliche Gene; das Mikrobiom
beeinflusst unser Immunsystem, vor allem unser
zelluläres Immunsystem im Darm, beeinflusst
unseren Stoffwechsel, indem es selbst Stoffwech-

selprodukte macht, ist ein Energielieferant für uns
- ja, es ist ein Organ.

Forscher postulieren eine "Emotions-Gedächt-
nis-Bank" im Kopfhirn, die alle hoch gesendeten
Reaktionen und Daten des Bauches sammelt.
Etwa jene unangenehmen Sensationen bei
beängstigenden Situationen. Biologische Chiffren
der Vorfreude, wie die harmlosen Schmetterlinge
im Bauch oder irritierende Ablehnung beim
Augenkontakt mit speziellen Zeitgenossen.

Jedes Mal, wenn der Mensch eine Entscheidung in einer ähnlichen Situation zwingend fällt,
basiert diese nicht nur auf mentalen Kalkula-
tionen, sondern wird massiv von jenen unbewus-
sten Informationen aus dem gigantischen Katalog
von gespeicherten Emotionen und Körperreak-
tionen mitgeprägt, eben den "gut feelings". Darin
sehen Forscher eine Triebfeder der Evolution: Die
extreme Ausbildung der vorderen Hirnrinde im
Kopf ist dem Bauch zuzuschreiben. Denn von
dort unten kommt die größte Masse an Information, an Feedback.

Kapitel 25 – Entscheidungsfindung

Eine Studie des Max-Planck-Instituts für Kognitions- und Neurowissenschaften in Leipzig deutet darauf hin, dass es schon Sekunden vor einer bewussten Entscheidung Anzeichen im Gehirn gibt, die auf die Absicht zur Entscheidung hinweisen. Dies wirft bedeutsame Fragen auf, insbesondere in Bezug auf den freien Willen und die Natur menschlicher Entscheidungsprozesse.

Die Debatte über den freien Willen ist schon lange ein Thema in Philosophie, Neurowissenschaften und Psychologie. Die Erkenntnisse aus dieser Studie könnten dazu beitragen, diese Debatte weiter zu vertiefen. Einige der zentralen Fragen, die sich stellen, sind:

Determinismus vs. freier Wille: Die Ergebnisse könnten als Hinweis darauf interpretiert werden, dass Entscheidungen im Gehirn schon festgelegt sind, bevor wir uns ihrer bewusst werden. Dies stellt die Vorstellung eines vollständig „freien" Willens in Frage und legt nahe, dass unsere Entscheidungen zumindest teilweise von neurologischen Prozessen festgelegt werden.

Klammer auf: Was war zuerst. Die Henne oder das Ei. Ich wiederhole mich. Warum bin ich hier?

Weil mich meine Eltern in diese Welt gesetzt haben, ohne mich zu fragen. Warum haben mich meine Eltern nicht gefragt, ob ich gewillt bin, hier zu sein? Weil meine Eltern ebenfalls nicht gefragt wurden. Und deren Eltern wurden ebenso nicht gefragt. Wer wurde überhaupt gefragt, hier auf dieser Welt zu sein? Niemand wurde gefragt.

Und wenn niemand gefragt wurde und ich schreiend nach der Brust meiner Mutter die Milch suche, die mich am Leben erhält. Suchen wir nicht unser Leben lang nach der Brust unserer Mutter in jeglicher Hinsicht. Zuwenig Milch. Zuviel Milch. Überhaupt keine Milch. Mit der Zeugung wird ein neues Kettenglied aus dem bestehenden Morast mit all seinen Stärken und Schwächen gebildet. Wenn das nicht stattfindet, gibt es nichts zu entscheiden. Ob dafür oder dagegen. Ich habe einen freien Willen. Diese Aussage ist für wen? Obwohl sie inklusive ist und zum Konstrukt gehört. In der gegenwärtigen Zeit wünscht sich die pure Behauptung als Behauptung zu überleben, indem sie endlos behauptet. Sie ist in diesem Fall nur Mittel zum Zweck. Stopfe Dummheit mit Dummheit zu. Im Herzen leben wir in der Steinzeit. Mit der Keule in der Hand. Wenn du nicht erfüllst, was ich von dir verlange, schlage ich dir den Schädel ein. Klammer zu.

Hier die Preisfrage des Tages. Bewusste oder unbewusste Entscheidungsfindung? Wie ist das Bewusstsein in Entscheidungsprozesse involviert? Wenn Entscheidungen im Gehirn vorbewusst getroffen werden, welche Rolle spielt dann das bewusste Erleben bei der Entscheidungsfindung?

Eine Studie zeigt eine Korrelation zwischen frühzeitigen Gehirnaktivitäten und späteren Entscheidungen. Die Frage ist, ob die Gehirnaktivitäten die Entscheidungen verursachen oder ob es eine andere kausale Beziehung gibt.

Kapitel 26 – Verantwortung und moralische Rechenschaftspflicht

Die Frage nach dem freien Willen hat ethische Implikationen. Wenn unsere Entscheidungen weniger „frei" sind, als wir es traditionell angenommen haben, wie beeinflusst das unsere Vorstellung von Verantwortung und moralischer Rechenschaftspflicht?

Frage: Hat in der Menschheitsgeschichte bei all den Verbrechen am Menschen selbst irgendjemand nach Moral und Ethik und sogar Verantwortung gefragt? Eroberungszüge, Ausbeutung in jeder Hinsicht, Besatzung gibt es ständig. Mordend marodierende Priesterschaften, die Kinder vergewaltigen. Oligarchen, die ohne Rücksicht zu ihrem Vorteil abschlachten lassen.

Und schon wieder hole ich meinen Schlüsselabsatz in die Diskussion.

Warum bin ich hier? Weil mich meine Eltern in diese Welt gesetzt haben, ohne mich zu fragen. Warum haben mich meine Eltern nicht gefragt, ob ich gewillt bin, hier zu sein? Weil meine Eltern ebenfalls nicht gefragt wurden. Und deren Eltern wurden ebenso nicht gefragt. Wer wurde überhaupt gefragt, hier auf dieser Welt zu sein? Niemand wurde gefragt.

Generation um Generation wurde nicht gefragt.

Die Menschen, die auf der Lebensbühne in ihrer Rolle agieren, stellen für die Nachkommenschaft eine Übermacht dar. Der in diese Welt hineingeborene Mensch wird nie die Rolle des Kindes los. Er wird immer untergeordnet sein. Selbst wenn er eine Hauptrolle nach dem Tod der Eltern spielt.

Die Eltern Täter und das Kind Opfer. Die ewige Leier über Generationen. Und das Opfer Täter wird.

Das findet in jeder sozialen Schicht statt. In jedem Land. Überall auf dieser Erde.

Je nach heimischer „Ausbildung zum Massenmörder, alternativ zum Künstler", agiert jeder Mensch nach seinen inneren Notwendigkeiten. Mit voller Inbrunst auf dem Jahrmarkt der Eitelkeiten Macht in jeder Richtung zu zeigen, nur um gegenüber der inneren Mutter wert zu sein.

Kein Mensch stellt sich hin und untergräbt seine eigene Macht. Demzufolge wird er nicht sagen, dass er ein Vollautomat ist. Ein ausführendes Organ. Ein Befehlsempfänger. Sodass sich die Dummheit wie eine Droge präsentiert. Einmal gefressen, kommt niemand von seiner Selbstverarschung herunter.

So wie ich all die „Geimpften" sehe, die ihre Impfung verteidigen, selbst wenn bekannt ist, dass jene Nadel den Tod gebracht hat. Ein Kurzschluss im System. Eine einvernehmliche Selbstbeseitigungsabsicht mit sich selbst.

Ich höre immer wieder, dass Verantwortung ein Begriff ist, der in verschiedenen Kontexten eine wichtige Rolle spielt. Verantwortung bezieht sich auf die Pflicht oder das Gefühl der Verpflichtung, für Handlungen, Entscheidungen oder Aufgaben verantwortlich zu sein.

Eine persönliche Verantwortung bezieht sich auf die Verantwortung einer Einzelperson für ihre eigenen Handlungen, Entscheidungen und Verhaltensweisen. Es bedeutet, die Konsequenzen für das eigene Verhalten zu tragen.

Soziale Verantwortung betrifft die Verantwortung von Einzelpersonen, Organisationen oder Unternehmen gegenüber der Gesellschaft als Ganzes. Es umfasst Maßnahmen zur Förderung des Gemeinwohls und zur Minimierung negativer Auswirkungen auf die Gesellschaft.

Berufliche Verantwortung in beruflichen oder geschäftlichen Kontexten bezieht sich Verantwortung auf die Pflichten und Verpflichtungen, die eine Person oder Organisation gegenüber Kunden, Mitarbeitern, Partnern und anderen Interessengruppen hat.

Jene Umweltverantwortung bezieht sich auf die Verpflichtung, die Umwelt zu schützen und nachhaltige Praktiken zu fördern, um negative Auswirkungen auf die Umwelt zu minimieren.

Eltern tragen die Verantwortung für das Wohlergehen und die Erziehung ihrer Kinder.

Politiker und Regierungen tragen die Verantwortung für die Gesetzgebung, die Verwaltung des Landes und die Vertretung der Interessen der Bürger.

Ein Treppenwitz der Geschichte. Ich schwöre dem Volk zu dienen und schicke es in die ewigen Jagdgründe. Ohne einen Funken von Verantwortung dafür zu übernehmen. Mehr Schwachsinn ist nicht möglich.

Ethik und moralische Verantwortung bezieht sich auf die Verpflichtung, ethische und moralische Prinzipien in Entscheidungsfindung und Handeln zu berücksichtigen.

Juristische Verantwortung in rechtlichen Kontexten bezieht sich auf Verantwortung auf die rechtlichen Pflichten und Haftungen einer Person oder Organisation.

Die Bedeutung und Ausprägung von Verantwortung variiert je nach Kultur, Gesellschaft, persönlichen Werten und Normen. In vielen Fällen ist Verantwortung ein wesentlicher Bestandteil der sozialen Ordnung und trägt zur Erhaltung eines funktionierenden Gemeinwesens bei.

Tarnen und Täuschen heißt das Spiel. Verantwortung unter Androhung von 10 Geboten.

Die Zehn Gebote, bekannt als Dekalog oder die Zehn Gebote Gottes, sind eine Liste moralischer und ethischer Gebote und Verbote, die in verschiedenen religiösen Traditionen eine wichtige Rolle spielen, insbesondere im Judentum und im Christentum. Sie werden im Alten Testament der Bibel, genauer gesagt im Buch Exodus (2. Mose 20:1-17) und im Buch Deuteronomium (5. Mose 5:6-21), aufgeführt.

Du sollst keine anderen Götter haben neben mir.

Du sollst dir kein Bildnis noch irgendein Gleichnis machen, weder von dem, was oben im Himmel, noch von dem, was unten auf Erden, noch von dem, was im Wasser unter der Erde ist.

Du sollst den Namen des HERRN, deines Gottes, nicht missbrauchen.

Gedenke des Sabbattags, dass du ihn heiligst.

Du sollst deinen Vater und deine Mutter ehren, auf dass du lange lebest in dem Lande, das dir der HERR, dein Gott, geben wird.

Du sollst nicht töten.

Du sollst nicht ehebrechen.

Du sollst nicht stehlen.

Du sollst kein falsches Zeugnis reden wider deinen Nächsten.

Du sollst nicht begehren deines Nächsten Haus. Du sollst nicht begehren deines Nächsten Frau, noch seinen Knecht, noch seine Magd, noch sein Rind, noch seinen Esel, noch alles, was dein Nächster hat.

Und das alles bei Rotlicht.

Wer gibt hier wem eine klare Anweisung. Die Formulierung „du sollst" drückt eine Verpflichtung oder ein Gebot aus, dem man zu gehorchen hat.

Verantwortung und gehorchen. Ein Kurzschluss auf ganzer Linie. Sind das alles Instrumente der Macht? Erpressungsmöglichkeiten auf ganzer Linie, um wen für was gefügig zu halten.

Kapitel 27 – es ist wie es ist.

Subjektiv betrachtet habe ich das Glück, in einer Zeit zu leben, indem ein Machtblock zusammenbricht. Wie zum damaligen Zeitpunkt das Römische Reich zusammenbrach.

An diesem Ereignis lässt sich aufzeigen, dass die komplette Ordnung zusammen bricht. Das System Gesellschaft zersetzt sich.

Jeder Mensch handelt so, wie es in ihm die innere Welt vorgegeben hat. Und genau das Konzert höre ich jetzt. Das Konzert der Vernichtung.

Massenmörder helfen dabei. Einige weisen psychische Störungen auf, die ihr Verhalten beeinflussen. Dazu gehören Persönlichkeitsstörungen, Schizophrenie oder psychopathische Merkmale. Diese Störungen führen zu gestörten Emotionen und Verhalten.

Einige Massenmörder sind sozial isoliert oder haben Schwierigkeiten, soziale Beziehungen aufzubauen. Dies führt zu einem Gefühl der Entfremdung und Frustration, das sich in Gewalt entlädt.

Einige Massenmörder haben in ihrer Kindheit oder Jugend traumatische Erfahrungen erlebt, wie Missbrauch oder Vernachlässigung. Solche Traumata führen dazu, dass Menschen gewalttätige Verhaltensweisen entwickeln, um ihre eigenen inneren Schmerzen zu bewältigen.

In einigen Fällen Spielen extremistische Ideologien oder radikale Überzeugungen eine Rolle spielen. Menschen werden durch Ideologien manipuliert oder radikalisiert, die Gewalt als Mittel zur Verwirklichung ihrer Ziele fordern.

Ein unzureichendes soziales Unterstützungssystem oder mangelnde psychische Gesundheitsversorgung tragen dazu bei, dass Menschen mit psychischen Problemen unentdeckt bleiben oder keine angemessene Hilfe erhalten.

In einigen Fällen erleichtert der simple Zugang zu Waffen die Umsetzung gewalttätiger Absichten.

Sie alle gibt es in verschiedenen Variationen. Warum gibt es sie in verschiedenen Variationen? Sie sind Täter und keine Zuschauer. Sie bitten nicht um Erlaubnis. Sie fragen nicht nach Verantwortung. Erst recht nicht nach Gesetzen und Geboten. Sie handel aus einer inneren Notwendigkeit, die wie zustande gekommen ist. Und schon wiederhole ich mich.

Weil mich meine Eltern in diese Welt gesetzt haben, ohne mich zu fragen. Warum haben mich meine Eltern nicht gefragt, ob ich gewillt bin, hier zu sein? Weil meine Eltern ebenfalls nicht gefragt wurden. Und deren Eltern wurden ebenso nicht gefragt. Wer wurde überhaupt gefragt, hier auf dieser Welt zu sein? Niemand wurde gefragt.

Generation um Generation wurde nicht gefragt.

Kapitel 28 – kleinkariert

Immer wieder höre ich, dass es zwei Meinungen gibt, ob der Mensch mit oder ohne inneren Impuls eine Tätigkeit ausführt. Ob bewusst oder unbewusst, lässt sich der Stromkreis zum Leuchtmittel an der Decke des Zimmers nur mit einem Schalter schließen. Wenn der Schalter nicht betätigt wird, leuchtet es nicht. Warum bewegt sich mein Arm nicht aus freien Stücken. Wie wäre es, wenn er unabhängig von allen koordinierten Bewegungsabläufen mit seiner angehängten Faust mir ins Gesicht schlägt. Vollkommen absurd und ohne Zusammenhang.

Alles hängt mit allem zusammen. Die Kettenreaktion der Impulse eines Menschen wird mit der Befruchtung der Eizelle gestartet. Unaufhörlich. Auf jede Aktion folgt eine Reaktion. Bis zum Tod.

Ich wiederhole mich weiterhin. Warum bin ich hier? Weil mich meine Eltern in diese Welt gesetzt haben, ohne mich zu fragen. Warum haben mich meine Eltern nicht gefragt, ob ich gewillt bin, hier zu sein? Weil meine Eltern ebenfalls nicht gefragt wurden. Und deren Eltern wurden ebenso nicht gefragt. Wer wurde überhaupt gefragt, hier auf dieser Welt zu sein? Niemand wurde gefragt.

Generation um Generation wurde nicht gefragt. Was stand am Anfang der Frage?

Hat sich das Bakterium, was vor Jahrmillionen in den Giftschloten am Meeresgrund hauste, ein Haus gebaut? Bin ich eines der Häuser? Sind wir das trojanische Pferd der Bakterien, die auf der menschlichen Klaviatur gegeneinander Krieg führen?

Die aller unser Leben diktieren und gegenseitig mit uns russisch Roulette spielen?

Besteht die Möglichkeit, dass es ein Mensch schafft, sich aus der Schlangengrube der Bakterien zu befreien, die in ihm und an ihm unser Leben erst ermöglichen.

Kapitel 29 – Kino

Der Buddhismus legt weniger Wert auf eine Schöpfungsgeschichte im traditionellen Sinne. Stattdessen betont er das Konzept von Wiedergeburt und Karma, bei dem das menschliche Leben durch Handlungen in vorherigen Leben beeinflusst wird.

Wiedergeburt bedeutet, dass alles im großen organischen und anorganischen Suppentopf versinkt, durch Zeitachsen umgerührt wird und in neuer Blüte in verschiedenen Form-Variationen in der Gegenwart an die Oberfläche drängt.

Wie war das mit der Mutter aller Mütter, die mich bat, die (Fagus sylvatica ‚Dawyck‘), Säulenbuche vom Grab ihrer Schwester zu entfernen und auf den großen abseitigen Komposthaufen zu werfen. Aus dem Sarg die Säule hoch zum Buch der Wandlungen ins zukünftige Gemüse im Magen der Nachkommenschaft gelandet. Die wir mit Hilfe der mutierten Urahnen durch die Gegend fahren und sie zum Auspuff ausblasen. Ich stelle mir die Frage, welche Menge von „totem" Wasser durch mich hindurchgeflossen ist. Ich aus dem Kreislauf menschlicher Flüssigkeiten gekostet habe, ohne zu wissen, dass ich unter Umständen die Oma zu mir genommen habe.

All die Sterbenden lösen sich in ihre Bestandteile auf und fließen in das jenseitige Becken zurück, aus dem sich die Gegenwart bedient. Alle lebenden Menschen sind zugleich tote Menschen und die toten Menschen sind lebendige Menschen.

Wenn ich das auf die Möglichkeit herunterbreche, dass meine Erbauer, die Bakterien wie Sprenkel im Kosmos verteilt sind, gibt es eine kosmische Gebärmaschine von biologischem Leben. Wenn unzweideutige Zustände eine gebärfreudige Erde in den Kosmos setzen, um dann diese Menschheit hervorzubringen, frage ich mich, ob wir nur eine Zwischenstation von zukünftigen Zuständen an anderen Orten sind. So wie ich zeit meines Lebens Wasserträger für andere Leben war, ist die gesamte Menschheit nur Wasserträger für andere Konstellationen. Eine Vorstufe? Eine Nachstufe zu was?

Vor meinem inneren Auge sehe ich nur, dass alle handelnden Menschen auf diesem Erdball unabänderlich so handeln, wie sie handeln. Sie handeln genauso, wie sie dazu programmiert worden sind, zu handeln. Durch die Bank alles Vollautomaten, die aufgrund ihrer innerlich gespeicherten Daten anstreben, der Sieger und nicht der Verlierer zu sein. Sie sind so programmiert, dass sie die Angst so weit treibt, Ihre eigene Brut ebenfalls durch den Kanal der Todesangst zu treiben, wie sie getrieben worden sind. Nicht ausgeschlossen, dass sie schon im Jenseits waren und wieder zurückgerufen wurden. Sie quasi wie lebendige Tode agieren, um massenhaft andere Leben zu töten. Und obwohl Psychopaten wissen, dass sie sterblich sind, ist ihnen injiziert, zu meinen, Götter zu sein. Allein schon deren Annahme zeugt von unendlicher Stumpfheit, die mit Intelligenz nichts gemein hat. Sie sind gezwungen so zu handeln, wie sie handeln. Sie haben nicht die Befugnis anders zu handeln. Ansonsten wären sie keine Psychopaten.

Diese Bewertung ist widersprüchlich subjektiv. Kein Mensch hat einen freien Willen. Indem er annimmt, er habe einen, ist das eine Krücke, die ihm suggeriert, er ist der Chef von sich selbst. Und von anderen. Zum Beispiel den eigenen Kindern. Die Kausalität der Abläufe sind im Kosmos schon lange fixiert. Und keine Sau wurde gefragt, ob er zu leben wünscht oder nicht. Und das bitte vor der Geburt. Der Schriftzug, „One way – No return", klebte außen an meiner Kabinentür.

Bin ich nur Zuschauer von etwas, was ich im Ganzen nicht verstehe. Ich sehe einen Film und spiele gleichzeitig darin selbst mit. Ähnlich folgender Lebewesen, die voller Inbrunst mit ihrer gesamten Energie über Generationen hinweg gegen einen auserkorenen Feind kämpfen, um was zu erreichen? Antwort: Keiner von denen kommt ohne das dazugehörige Steinzeitkonzept aus.

Sie haben wahrhaftig das Rezept, mit dem sie ganze Völker gefügig kochen.

So das Beispiel jener Sippschaft, die nur aus Psychophaten besteht, 1863 verkündete.

"Die Wenigen, die das System verstehen, werden so sehr an seinen Profiten interessiert oder so abhängig sein von der Gunst des Systems, dass aus deren Reihen nie eine Opposition hervorgehen wird. Die große Masse der Leute aber, mental unfähig zu begreifen, wird seine Last ohne Murren tragen, viel- leicht sogar ohne zu mutmaßen, dass das System ihren Interessen feindlich ist."

Und weiter an anderer Stelle. „Mir ist es egal, welche Marionette auf dem Thron von England sitzt und ein Imperium regiert, wo die Sonne nie untergeht. Der Mann, der die Geldmenge Britanniens kontrolliert, kontrolliert das Britische Imperium, und ich bin der Mann, der die Geldmenge Britanniens kontrolliert."

Was haben wir hier. Einen Verbrecherclan, der es geschafft hat, sich über die Jahrhunderte soviel Einfluss anzueignen, dass er imstande ist, dass umzusetzen, was einer seiner Vorfahren 1863 verkündete.

Die gesamte Menschheit zu einem Feind zu etablieren, zeugt davon, dass sie sich unterbewusst selbst vernichten. Offenbar braucht es all die „unmenschlichen Extreme", um das Fass der Menschheit zum Überlaufen zu bringen. Beziehungsweise in Wallung zu halten.

Zwischenfrage: Was heißt Leben?

Bezieht sich das Leben auf den Zustand von Lebewesen, die Merkmale wie Wachstum, Stoffwechsel, Reizbarkeit, Fortpflanzung und Evolution aufweisen. Es ist ein komplexes Konzept, das sich auf die Existenz von Organismen bezieht, die in der Lage sind, verschiedene biologische Prozesse aufrechtzuerhalten und auf ihre Umgebung zu reagieren.

Simple faktische Prozesse, die da sind und nicht fragen, warum sie da sind. Und erst recht nicht fragen, wie ich mich dabei fühle. Die keinerlei Rücksicht auf mein Leben nehmen. Wenn es so weit ist, ist es so weit. Dann schalten sie mich ab. Nach dem Motto, alles hat ein Ende. Erst recht mein Kosmos.

Entsprechend die Frage: Warum verschwinden die sogenannten Hochkulturen?

Der Untergang des Römischen Reiches ist ein historisches Ereignis von großer Komplexität und wird oft als Ergebnis einer Kombination verschiedener Größen betrachtet. Hier sind einige der Hauptgründe, die zum Zusammenbruch des Weströmischen Reiches beigetragen haben:

Das Römische Reich litt unter einer Vielzahl wirtschaftlicher Probleme, darunter Inflation, hohe Steuern, wirtschaftliche Ungleichheit und eine ineffiziente Verwaltung der Ressourcen. Dies führte zu einer Schwächung der wirtschaftlichen Grundlage des Reiches.

Das Römische Reich war über Jahrhunderte hinweg ein militärisches Schwergewicht, aber im Laufe der Zeit wurde die römische Armee zunehmend geschwächt. Invasionen von germanischen Stämmen im Westen und Parthern im Osten sowie die Notwendigkeit, entlang der Grenzen zu verteidigen, übten einen erheblichen Druck auf die römischen Armeen aus.

Das weströmische Reich erlebte eine Periode politischer Unruhen und Machtkämpfe. In kurzer Zeit wechselten viele Kaiser, was zu Unsicherheit und einer Schwächung der zentralen Autorität führte.

Soziale Unruhen, die oft aus wirtschaftlicher Ungerechtigkeit resultierten, destabilisierten das Reich. Sklavenaufstände und die Ausdehnung der städtischen Armut hatten negative Auswirkungen auf die soziale Stabilität.

In den späten Jahrhunderten des weströmischen Reiches wurden die Grenzen des Reiches von verschiedenen germanischen Stämmen und anderen Eroberern angegriffen. Die römische Armee war oft nicht in der Lage, diese Angriffe wirksam abzuwehren.

Die Aufteilung des Römischen Reiches in West- und oströmische Reichshälften durch Kaiser Diokletian im 4. Jahrhundert hatte zur Folge, dass die politische und wirtschaftliche Integration des Reiches abnahm. Das weströmische Reich war weniger in der Lage, die Ressourcen des Ostens zu nutzen, um seine eigenen Probleme zu bewältigen.

Ein weiterer Teil, der oft diskutiert wird, ist der moralische Verfall des Reiches. Einige Historiker nehmen an, dass der Verlust traditioneller Werte und die Korruption zu einem allgemeinen Niedergang der Gesellschaft beitrugen.

Es ist wichtig zu beachten, dass der Untergang des Römischen Reiches kein plötzliches Ereignis war, sondern sich über einen längeren Zeitraum erstreckte. Die Kombination dieser Einzelteile führte zum Zusammenbruch des weströmischen Reiches im Jahr 476 n.Chr., zeitgleich das Oströmische Reich (Byzantinisches Reich) Jahrhunderte fortbestand.

Ähnliches oder Gleiches geschah mit anderen Hochkulturen wie Maya-Zivilisation oder Osterinseln.

Das erinnert mich an die Fraktale. Im Großen wie im Kleinen. Ähnlich dem menschlichen System, wenn es zusammenbricht. Findet eine ständige Wiederholung der Neugeburt solcher Systeme statt?

So der Tod eines Menschen. Er wird durch eine Vielzahl von Gründen verursacht, die oft auf komplexe Weisen miteinander verbunden sind. Hier sind einige der häufigsten Ursachen für den Tod eines Menschen:

Krankheiten wie Herzkrankheiten, Krebs, Diabetes, Infektionen und viele andere medizinische Zustände führen unweigerlich zum Tod, wenn sie unbehandelt bleiben oder nicht kontrolliert werden.

Unfälle, Verletzungen durch Gewalt, Stürze oder andere traumatische Ereignisse verursachen lebensbedrohliche Schäden an Organen oder Körpersystemen.

Der natürliche Alterungsprozess führt im Laufe der Zeit zu einer Verschlechterung der Körperfunktionen und erhöht die Anfälligkeit für Krankheiten.

Das Versagen lebenswichtiger Organe wie Herz, Lunge, Leber oder Nieren führt zum Tod, da der Körper ohne deren gesunden Zustand nicht überlebt.

Eine Überdosis von Medikamenten, giftigen Substanzen oder Chemikalien führt zu schwerwiegenden Auswirkungen auf den Körper und führt im Normalfall zum Tod.

In einigen Fällen führen genetische Störungen oder Erbkrankheiten zu lebensbedrohlichen Zuständen.

Eine mangelhafte Ernährung, fehlen von körperlicher Aktivität, Rauchen, übermäßiger Alkoholkonsum und Drogenmissbrauch beeinträchtigt die Gesundheit und erhöht das Risiko für verschiedene Todesursachen.

Wenn unbehandelte medizinische Zustände nicht angemessen behandelt werden, verschlimmern sich Krankheiten, die tödliche Folgen haben.

Naturkatastrophen wie Erdbeben, Tsunamis, Hurrikane und Überschwemmungen führen in den meisten Fällen zu tödlichen Verletzungen.

Menschen, die unter schweren psychischen Belastungen leiden, fügen sich Schaden zu, der in den meisten Fällen tragischerweise im Tod endet.

Alles endet im Tod. Dieser Gedanke veranstaltet in meinem Hirn ein Freudenfest. Er bestätigt, dass alle meuchelnden Massenmörder, deren Bemühungen es war, die Weltherrschaft an sich zu reißen, spätestens auf ihrem Totenbett feststellen, das sie ein Nichts sind. Es sei denn, ihnen wurde erlaubt, sich in die Welt eines Alzheimerpatienten zu flüchten. Sie waren zeit ihres Lebens nur ein dynamisches Kettenglied, was einen Job zu erfüllen hatte. Nur ein Hilfsbüttel, ein Erfüllungsgehilfe von einer Kraft, der nur mit Demut zu begegnen ist. Fragt sich ein Karnickel, ob es die Schlange frisst. Genauso haben sie sich verhalten. Haben sie Bewusstsein von sich selbst oder nicht? Diese Frage zu beantworten ist Schwachsinn. Denn in letzter Konsequenz heißt die Frage, ob Bakterien ein Bewusstsein haben. Oder sind sie nur da. Wie alles andere nur da ist und ständig miteinander mutiert. Ohne eine einzige Frage zu stellen.

Für mich persönlich ist der Tod eine Erlösung von allen Übeln.

Dann stellt sich nicht mehr die Frage, ob ich genötigt werde, ein Teil meiner Zeit auf Toilette zu verbringen. Ich wüsste Besseres zu tätigen. Oder regelmäßig von Müdigkeit geplagt, meine Zeit in der Horizontalen zu verbringen.

Ich habe in der Jugend einen Test mit mir veranstaltet. Ich habe gesagt, ich schlafe nicht mehr. Nach drei Tagen quoll mir Eiter aus den Augen, derweil ich mehr taumelt wie gehend eine Hauptverkehrsader ohne Rechts und links zu schauen, überquerte.

Was beim Versuch, die Nahrungsaufnahme zu verweigern herauskommt, ist hinlänglich bekannt. Der Körper verspeist sich selbst.

Ich höre immer wieder, dass ich einen freien Willen habe. Ich entscheide, wann ich esse, schlafe oder gar meinen Darm, besser meine Blase entleere. Probieren sie sich aus. Sie haben die Qual der Wahl.

Kapitel 30 – Hampelmann

Ich, du, er, sie, es, wir, ihr, sie – alles Kosmos. Herr oder Frau Kosmos, was passiert, wenn Sie mir erlauben, ja, sie erlauben, sonst würde ich hier nicht sitzen und mit Ihnen sprechen, geschweige denn schreiben. Sie die Herrfrau, mit Nachnamen Kosmos. Ich spreche mit ihnen. Wie spreche ich mit jemandem, der mich veranlasst zu sprechen. Alles was passiert, ist tadellos. Ich springe in die Ecke, hampel an der Wand. Egal, was ich veranstalte, alles bleibt eins. Ich der

Krümel eines Brötchens. Ich wünsche mir, dass Herrfrau es zulässt, die Auflösung meiner mir gestellten Fragen zulässt.

Herrfrau, ich frage dich, ob es, wenn alles determiniert ist, Zeit gibt? Es keine Reihenfolge, sondern vielmehr ein Bild ist, indem alles gleichzeitig stattfindet. Vergangenheit und Zukunft samt der Gegenwart.

Ich lebe hier, festgesetzt auf dem Raumschiff Erde und betrachte die Umgebung meiner Erde von einem Frachter aus mitten auf dem Nordatlantik in der Winterzeit. Es wurde mir ein vor Funken sprühendes Firmament präsentiert, bei dem ich mir sicher bin, dass es dort draußen ähnliche Raumschiffe wie die Erde gibt. Alles Spekulation. Alles Einbildung. Mir ist bewusst, dass ich nicht für eine Reise durch den Kosmos tauge. Und doch reise ich durch den Kosmos. Das dieser Mensch hier auf diesem Raumschiff Erde keine Chance hat, dieses zu verlassen. Ich der Mensch ein Gefangener mitten im Kosmos.

Ich wünsche mir Urlaub von der Erde.

Kapitel 31 - im Himmel ist Jahrmarkt

In meiner unverwüstlichen Jugend sah ich mich mitten im bunten Treiben eines Jahrmarktes einem unvorhergesehenen Schleudertrauma ausgesetzt, was mich nach dem Gehänge eines von Lebkuchenherzen und kleinen Pustpropellern bestückten Ständers greifen ließ. Benommen sank ich auf ein geriffeltes Aluminiumblech. Die Welt um mich herum bot mir durch all die Verdrehungen keinen Halt mehr. Das Gefühl, sich zu übergeben, wie ich es schon im Karussell erlebt habe, ließ mich nicht los.

Entsprechend meiner Realität, bei der ich neben unserer Erdkugel am Äquator stehe und zusehe, wie die Erde mit 1670 km/h an mir vorbei rast. Ich selbst rase mit meinem unsichtbaren Surfbrett 29,8 Kilometer pro Sekunde um die Sonne. Und all das zusammengenommen nennt sich Milchstraßengalaxie, was wie eine Wollmaus mit 600 Kilometer pro Sekunde auf den sogenannten Virgo-Galaxienhaufen zurast.

Was hat das jetzt mit mir gemein, der im Durchschnitt rund 130 Gramm Hausstaub im Jahr erzeugt. Da Staubteilchen elektrostatisch aufgeladen sind, ziehen sie andere Staubteilchen an. So entstehen die sogenannten Wollmäuse, die am liebsten unter meinem Bett liegen und wie große Staubmagnete wirken. All das Epitelgewebe lässt mich in meinen Träumen nicht los zu fragen, warum die Erde keine Scheibe ist.

Warum verhält sich der Schatten bei Sonnen- und Mondfinsternissen so, wie er sich verhält. Warum ist die Form des Schattens rund, den die Erde bei einer Sonnen- oder Mondfinsternis auf den Mond oder die Erde wirft.

Wenn der Kosmos eine Wollmaus ist. Was ist dann der Mensch?

Kapitel 32 – Schlusswort

Bei all den Gedanken, die mir beim Thema „ ich habe keinen freien Willen" durch den Kopf wandern, spiele ich mit meiner inneren Welt Pingpong.

Kleine waghalsige Schritte in mir unbekannte Welten erlauben mir, mit den Göttern einen Dialog zu führen. In Wahrheit ist es ein Monolog, den die Götter mit mir führen. Den die Götter mit sich selbst führen. Ich schaue zu und bin Akteur zugleich.

Sei so, wie du bist, höre ich meine innere Stimme. Ja, wie bin ich denn? So wie mein Stallgeruch, kommt eine Antwort.

Ich spüre es jeden Tag. In mir arbeitet es jeden Tag, jede Stunde. Das **ES** in mir. Es verlangt dieses oder jenes. Dem Wohlbefinden zu folgen. Jeden Tag aufs Neue mein Leben zu gestalten. Jeden Tag eine kleine Feier. Einen mentalen, womöglich sportlichen Orgasmus. Der mögliche Gänsehaut-Schauer durch intensive emotionale Erfahrungen, wo immer ich sie zu fassen bekomme. Oder die angenehme, oft als kribbelnd beschriebene Empfindung durch sanfte Geräusche, Berührungen oder visuelle Reize. Jeden Tag ein mit Demut begangenes Freudenfest, es sich überhaupt gestattet zu haben. Freude an einem Leben, was mir nicht gehört. Jenseits einer Welt, die in einer anderen Währung gerechnet wird.

Vor Jahren wurde ich zu einer H-Mollmesse von Bach eingeladen. Um der harten Kirchenbank auszuweichen, fixierte ich einen Punkt an der gegenüberliegenden Wand. Was jetzt mit mir geschah, war nicht vorauszusehen. Ich verlor jegliches Gefühl der Zeit. Die Musik empfand ich nicht mehr als Musik. Es war eine Welt, in der mein Körper, meine Seele, alles von mir, sich in einem Lichtstrahl bewegte. Ich schwebte in einer mir vollkommen fremden Welt, die mit dieser Erde nichts gemein hat.

Es besteht die Möglichkeit, dass es Zustände zwischen den Welten gibt, die bewusst nicht herzustellen sind. Ich bilde mir ein, dass es ein Geschenk der Götter ist.

Anhang – Interview mit Prof. Dr. Streit

Interview mit Professor Dr. Streit - am 10. Juli 2012

Hinweis: Der abgebildete Text des Interviews ist umgangssprachlich ohne Korrektur über-

nommen worden. Das A steht für Andreas Niede-
rau-Kaiser.

A: Gibt es im Bauch der Mutter, wenn sich das Kind als Embryo dort aufhält, in seiner Umgebung schon Bakterien.

Prof. Streit: Nein. Eigentlich geht man davon aus, dass Kinder keine Bakterien mitbringen. Kinder kommen steril zur Welt.

A: Und was ist es, wenn der ganze Abfall vom Kind selbst in der Blase, sprich im Fruchtwasser schwimmt? Was ist das dann? Ist das hermetisch abgeriegelt und vollkommen isoliert von der Außenwelt?

Prof. Streit: Ja, eigentlich schon. Da sollten mal besser keine Bakterien drin sein.

A: Was passiert in dem Moment, wenn das Kind zur Welt kommt? Sprich aus dem Muttermund auf die Welt kommt? Wann schlagen dann die ersten Bakterien zu?

Prof. Streit: Das ist schwer zu sagen. Einen gezielten Zeitpunkt überhaupt festzulegen, kann man sicherlich nicht. Aber nachdem, was man jetzt weiß, etabliert sich so eine mikrobielle Lebensgemeinschaft innerhalb der ersten zwei bis drei Lebensjahre.

A: Ach, das dauert drei Jahre?

Prof. Streit: Das dauert eine ganze Weile, bis man eine feste mikrobielle Community mit sich selbst assoziiert hat.

A: Wer sind die Ersten, die dann zuschlagen?

Prof. Streit: Das kann man nicht sagen. Die sind ja überall in der Luft und um uns herum sind ja tausende von unterschiedlichen Mikroorganismen. Das ist ganz unterschiedlich. Und jeder Mensch hat auch sehr unterschiedliche mikrobielle Ausstattungen, die er mit sich herumträgt.

A: Die er dann erwirbt?

Prof. Streit: Die er erwirbt und mit sich herumträgt und dann natürlich auch so im Körper weiterkultiviert oder hält.

A: Wenn wir gesagt haben, wenn jetzt das Kind auf die Welt kommt, hat es erstmal nichts, da es ja innen drin nichts hat. Dann fängt es ja irgendwann an, wenn es dann an der Luft ist, oder die Hygienebedingungen, die sind ja im Krankenhaus anders als wenn das Kind dann raus kommt. Die Frage ist ja dann, wo siedeln die im menschlichen Körper an. Auf dem ganzen menschlichen Körper?

Prof. Streit: Ja klar, überall. So ein Kind, das müssen sie sich vorstellen, jetzt nicht vielleicht in den ersten Wochen, aber nach wenigen Monaten krabbeln die herum und haben sehr viel Kontakt mit dem Fußboden. Später im Sandkasten, da essen die schon mal Sand. Da nehmen die alles so auf, was sie so kriegen können. Natürlich auch von der Haut der Eltern.

A: Also Haare....

Prof. Streit: Ja, überall wo sie halt Kontakt mit ihrer Umwelt haben, können natürlich mit Mikroorganismen dann auch geimpft werden sozusagen.

A: Was ist dann im inneren Körper? Wo kommen die in den inneren Körper? In die Lunge oder auch in den Darm, oder überall hin?

Prof. Streit: Ja, vor allen Dingen natürlich im Darm, aber sicherlich auch in der Lunge, wobei das nicht schlimm sein muss. Jeder von uns hat auch in der Lunge irgendwelche Mikroorganismen. Die meisten Menschen kommen damit ganz gut klar. Und bei den meisten Kindern wird das genauso sein.

A: Und wo halten die sich am liebsten auf, diese Bakterien?

Prof. Streit: Also am liebsten gibt es nicht. Die Bakterien haben alle - jede Bakterienspezies ist adaptiert an einem bestimmten Standort optimal zu wachsen. D.h. Es gibt welche, die wachsen wunderbar auf der Hautoberfläche. Es gibt welche, die finden sie vermehrt in den Achselhöhlen und dann finden sie welche, vor allen Dingen im Mundraum ganz viele. Und sie finden welche natürlich auch in der Lunge und wenn sie jetzt sagen, wo finde ich die meisten Mikroorganismen, dann müssten sie einen Ausflug in den Darm oder in den Intestinalbereich (Darmkanal) machen. Dort finden sie dann sicherlich so zahlenmäßig die höchsten, aber auch eine sehr hohe Diversität (Vielfalt an Bakterien) werden sie dort finden.

A: Müssen die sich auf oder im menschlichen Körper miteinander vertragen oder bekriegen die sich auch?

Prof. Streit: Das wird im Wesentlichen schon so ein vertragen sein, aber es wird auch kleine Kämpfe geben. Wer ist denn jetzt derjenige, der sich am stärksten etabliert. Und wer wird denn hier so ein bisschen in den niedrigen Zahlen dort überleben.

A: Und wie bekämpfen die sich untereinander?

Prof. Streit: Bakterien können - haben ganz unterschiedliche Mechanismen sich gegeneinander sozusagen auszubooten. Also im Prinzip sind

Bakterien nicht besonders soziale Burschen, sage ich mal. Die produzieren z.B. selbst Antibiotika, und inhibieren (hemmen, hindern, verhindern) dann damit ihre Nachbarn oder sie essen denen schlichtweg die Nahrungsmittel weg und inhibieren sie dadurch, sie hungern ihre Kollegen aus. Nahrungsmittel, das muss jetzt nicht immer Glukose oder Zucker sein, das können auch Mineralien sein, die die einfach fest und schnell weg binden, die die anderen aber benötigen. Die haben da unterschiedliche Strategien. Oder sie attackieren auch die Nachbarzellen. Mit ganz gemeinen Möglichkeiten, so die Nachbarzellen aufzulösen.

A: Wofür sind die denn überhaupt alle gut? Oder was wäre denn, wenn dieses menschliche Wesen aus dem Bauch der Mutter heraus kommt und ich isoliere es. Hermetisch weg von der Umwelt. Was passiert dann?

Prof. Streit: Zum Glück sind das ja Versuche, die sie nicht machen dürfen. Diese Art von Experimenten verbietet natürlich so eine Ethikkommission. Zum Glück. Es gibt aber natürlich ähnliche Überlegungen und Versuche eben auch mit sterilen Mäusen, die unter Laborbedingungen gehalten werden. Die Mäuse sind lebensfähig.

Man weiß aber sehr genau, dass sie sagen wir mal Ernährungsprobleme haben. Sie benötigen die Mikroorganismen alleine, um ihre Nahrung vernünftig zu verstoffwechseln - aufzunehmen. Da gibt es (das sind jetzt natürlich auch neue, relativ neue Befunde, die dort auftauchen. Es gibt klare Hinweise darauf, das diese Mäuse sind. Die sterilen Mäuse sind alle hoch krank. Die haben auch ein deutlich höheres Potenzial, allergische Reaktionen zu zeigen und da wird sich gerade in den nächsten Jahren eine Reihe von neuen Erkenntnissen aus solchen Studien ergeben.

A: d.h. Also mit anderen Worten konnte man ja den Schluss ziehen, das die Leute, die allergisch sind, der bakterielle Haushalt überhaupt nicht in Ordnung ist. Kann das sein?

Prof. Streit: das ist vielleicht zuviel gesagt. Es wäre durchaus möglich, meine Einschätzung das eine gesunde mikrobielle Flora auch mit einem gesunden Menschen so zusammen oder korreliert. Aber jetzt den Umkehrschluss direkt zu ziehen, da wäre ich sehr vorsichtig.

A: Dann wäre die nächste Frage, was haben dann die Bakterien für eine Macht über den menschlichen Körper? Das hängt ja miteinander zusammen. Oder korrespondiert ja auch miteinander. D.h. Wenn es denen gut geht, geht es mir auch gut, oder haben die, können die Einflüssen ausgesetzt sein, wo der menschliche Körper, oder wo sie dann aufgrund der Einflüsse schlecht für den Menschen zu reagieren. Also wer hat da welche Macht?

Prof. Streit: Ich glaube, dass wird man in den nächsten Jahren erst so richtig lernen und verstehen. Denn jetzt gerade lernen wir so aufgrund der neuen Sequenziertechnologien, die wichtigsten Mikroorganismen, die auf der Haut leben oder im und am Menschen leben, überhaupt erstmal kennen. Wie die miteinander interagieren und welche Effekte die auf das menschliche Wohlbefinden haben, ich glaub das werden wir erst in den nächsten Jahren richtig verstehen. Aber ein gutes Beispiel ist z.B. die Hautoberfläche. Da haben sie zum Teil bis zu hunderttausend Mikroorganismen pro Quadratzentimeter drauf. Die sehen sie nicht. Weil die so winzig sind. Aber die helfen z.B. den PH- Wert der Haut leicht abzusenken, (das merken sie garnicht) aber das hilft dann - oder durch diesen Mechanismus können andere, vielleicht krankheitserregende Mikroorganismen nicht auf der Haut siedeln. D.h. da haben sie so einen positiven Mitnahmeeffekt.

A: Wenn ich den menschlichen Körper als Planeten betrachte, und dann diese ganze Besiedlung dann sehe, Innen wie Außen, - was haben denn die Bakterien davon, dass sie bei uns leben? Auf unserem Körper leben? Das sie dadurch existieren und wir Nahrungsgeber für die sind.

Prof. Streit: Ja Nahrungsgeber aber auch Haus, Wohnraum zur Verfügung stellen. Das ist für Mikroorganismen das wichtigste.

A: Kann man das dann auch Parasiten nennen?

Prof. Streit: Nein. In der Biologie ist der Begriff Parasit klar assoziiert mit dem negativen Effekt. Parasit ist immer jemand, der mehr - der nimmt vom Wirt und schädigt dabei gleichzeitig den Wirt. Die meisten Mikroorganismen, sage ich mal so, die werden auch nehmen, die ganzen Nährstoffe werden immer vom Wirt zur Verfügung gestellt, aber in der Regel ist es kein schädigen des Wirtes.

A: Sie berauben sich sozusagen nicht ihrer Lebensgrundlage.

Prof. Streit: Genau.

A: wir haben jetzt gesagt, wenn wir ohne Bakterien leben, wenn wir mit Bakterien leben. Wir haben auch gesagt, das also auch verschiedene Regionen von Bakterien im Körper sozusagen ihr Revier auch verteidigen.

Prof. Streit: Genau.

A: Expandieren die dann auch?

Prof. Streit: Das können sie nur in Grenzen. Wenn sie z.B. die Mikroorganismen, die z.B. unter der Achselhöhle leben, die brauchen natürlich dieses relativ feuchte Habitat, d.h. wenn sie dann so auf die Hautoberfläche am Arm gehen, finden sie die Lebensbedingungen hält schon nicht mehr. Oder die Mikroorganismen, die in den Zahntaschen leben, die brauchen eher so anaerobe Bedingungen. D.h. die Bedingungen finden sie außerhalb der Zahntaschen dann nicht mehr. D.h. Dort würden die Organismen wenig erfolgreich sein, wenn es ums besiedeln geht. Sie müssen sich das vielleicht auch so vorstellen: Nachdem was man weiß, hat der menschliche Körper so um die zehnhochdreizehn bis zehnhochvierzehn Körperzellen. Besteht aus eigenen Zellen. Im Prinzip haben sie nochmal ungefähr eine Zehnerpotenz mehr Bakterienzellen, die sie so mit sich herumschleppen. Die Zahlen die wackeln immer so ein bisschen, im Prinzip schleppen sie und ich so ungefähr ein Kilogramm Bakterien mit uns rum.

A: da habe ich jetzt noch eine andere Frage. da ist gerade die Idee mit dem Fusspilz gekommen. Z.B. ich habe relativ trockene Haut. Und wenn ich die Füße nicht eincreme, dann platzt das irgendwann. Und dann fing es irgendwann an zu jucken. Und fragen sie nicht wie. Was passiert da? Was machen die Bakterien da mit mir?

Prof. Streit: das ist nicht unbedingt gesagt, dass das Jucken durch die Bakterien oder Pilze kommt, sondern das kann auch durchaus - ja wenn sie da so ein Riss in der Haut haben, dann tut das einfach weh.

A: sie wissen doch, das juckt und juckt...

Prof. Streit: da könnten theoretisch Mikroorganismen rein kommen, aber in der Regel hat man, soweit ich das übersehen kann, am Fuß eher Hefe oder Pilzinfektionen, weniger Bakterien, und wenn Bakterien in solche Verletzungen bekommen wollen, das passiert eigentlich eher seltener, das ist so der typische Fall glaube ich, wenn man sich so richtig tief schneidet, und dann so anaerobe Taschen entstehen, und dann dort so.z.B. Clostridium Tetanie (bildet Toxine Teanospasmin, nach Botulinustoxin das zweitstärkste bekannte Bakteriengift. Wundstarrkrampf.) sich etablieren kann. Das also dieser Erreger vom

Wundstarrkrampf, das aber sicherlich kein Organismus, den sie normaler Weise irgendwie auf der Haut finden.

A: das ist aber kein Bakterium?

Prof. Streit: doch, das wäre so ein Bakterium. Das ist so ein typischer Bodenorganismus, den sie aus dem Boden heraus isolieren können.

A: was ist mit den Viren und den Bakterien. Haben die miteinander zu tun?

Prof. Streit: Viren und Bakterien haben miteinander zu tun. Viren, das weiß man so, die am meisten auf dieser Erde vorkommende Lebensform in Anführungszeichen - die meisten Bakterien tragen auch Viren oder Vorstufen von Viren in ihren Genomen, wobei man aber sagen muss, das ist so ein bisschen eine philosophische Frage auch, sind Viren keine eigenständigen Zellen. Viren sind, wenn sie nachher fertig sind, bestehen aus Proteinen und DNA, haben aber keine Zelle. Die sitzen oft auf Bakterien drauf und die tragen in der Regel auch dazu bei, dass Bakterien lysieren. (Bakterien lösen sich auf.) und ganze Populationen wieder zusammenbrechen und wieder sozusagen sich in Luft auflösen.

A: die machen Exitus im Prinzip.

Prof. Streit: die können dazu führen und führen auch regelmäßig dazu, das ganze Bakterien-populationen zusammenbrechen. Das ist schon richtig.

A: d.h. Ich habe eine Bakterie und in der Bakterie sitzt ein Virus,

Prof. Streit: auf oder zunächst mal auf der Bakterie und kann das rein in das genetische Material kann in die Zelle reininiziert (eingeleitet) werden und dann können die Bakterienzelle sozusagen umprogrammiert werden, und dann macht die nur noch solche Virenpartikel, dann macht eine Zelle plötzlich hunderttausende von Virenpartikeln und setzt die wiederum frei, die dann wiederum andere Zellen infizieren können. Und so können sie auch verstehen, das die Zahl der Viren deutlich größer ist als die Zahl der Bakterien. Und solche Virenpartikel die müssen aber nicht immer auf den Bakterien drauf sitzen, sondern sie können auch sozusagen in de Geno-men integriert sein und erstmal gar nichts machen. Die Viren marschieren mit den Bakterien mit und sind unauffällig.

A: Leben sozusagen mit den Bakterien zusammen.

Prof. Streit: bis so eine Umweltsituation kommt, wo sie aktiviert werden. Das kann Stress sein, das kann Temperaturwechsel sein und dann springen die plötzlich, oder werden aktiviert sagt man, und dann fangen die an und töten in der Regel ihren Wirt.

A: gerade wo sie jetzt Stress sagen. Ich bin jetzt ein Normalbürger, und lebe tagein tagaus so vor mich hin. Habe jetzt auch keine sozialen Beschwerden. Dann passiert in der Regel nichts. Aber wenn ich jetzt unter Stress komme, was macht denn der Körper. Verhält der sich dann anders, dass die ganzen Bakterien sich dann auch anders verhalten, oder darauf reagieren zumindest mal?

Prof. Streit: Also Bakterien werden mit Sicherheit nicht die die den Stress als erstes censen, zumindest nicht den normalen Alltagsstress nicht, ist es aber, sagen wir mal, wenn sie durch Stress einen anderen Stoffwechsel haben, andere Stoffwechselprodukte generieren, einen anderen Hormonhaushalt haben, darauf reagieren Bakterien natürlich danach geschaltet.

D.h. es ist gut möglich, dass sie stressbedingt eine leicht veränderte mikrobioelle Population in und an ihrem Körper etablieren...

A: Und was machen die da?

Prof. Streit: oh, das weiß man gar nicht. Wollte ich gerade sagen. Ja, das wird man erst. Das weiß man überhaupt noch nicht.

A: Die haben doch kein Bock darauf, wenn die sich verändern müssen.

Prof. Streit: nee, Bakterien adaptieren ganz schnell. Für die ist das das tägliche Geschäft. Sich schnell an andere Umweltbedingungen anzupassen.

A: sind die besser als wir?

Prof. Streit: sie müssen sich das so vorstellen. Bakterien sind ja winzig klein. Wenn die nicht adhoc auf Umweltveränderungen reagieren, haben sie keine Überlebenschance.

So ein Regentropfen, der auf ein Bakterium, was jetzt auf so einem trockenen Boden sitzt, drauf fällt, der ist ja praktisch.. " stellen sich mal vor, da würde jemand ein Schwimmbad über Ihnen ausschütten. So eine riesen Flutwelle. Da müssen die sofort, innerhalb von Millisekunden und Sekunden darauf reagieren, sonst haben die keine Überlebenschance. Entsprechend würden die solche Anpassungsprozesse im Körper auch sehr schnell durchführen.

A: wir haben das Thema Rauchen. Rauchen kann man ja sagen, ist schädlich oder nicht schädlich. Ich bin z.b. Raucher und ich bilde mir ein, ich fühle mich damit wohl. Weil ich eigentlich auch damit aufgewachsen bin. Durch die Eltern und die Sozialität. Wenn ich jetzt rauche, macht da A etwas mit der Haut. Macht es ja mit Sicherheit auch. Dann stellen die Jungs sich ja auch drauf ein.

Prof. Streit: Na klar. Ich weiß nicht, ob es schon Studien gibt, wo man Raucherlungen untersucht hat, versus Lungen von Nichtrauchern, hinsichtlich der mikrobiellen Flora. Was jetzt so dieses ausdünsten angeht, über die Haut. Ich bin auch kein Experte, was das angeht. Aber klar ich geh mal davon aus, das man Unterschiede findet, die auch gravierend sind, in der mikrobiellen Population. Aber ob das jetzt dann wie positiv oder negativ ist für die allgemeine Gesundheit, oder das Wohlbefinden, kann ich nicht abschätzen.

A: die Wissenschaft hat ja unten auf dem Meeresgrund Schefelausdünstungen gefunden. Da leben unten mit Hilfe der Bakterien irgendwelche komischen Pflanzen, die aussehen wie Spagetti,

Prof. Streit: das sind diese Fadenwürmer, die da unten leben. Das ist natürlich so, Mikroorganismen sind extrem anpassungsfähig. Die wachsen unter Bedingungen, von ich glaube so 120 Grad 122 Grad ist so im Moment das Maximum, was publiziert ist, bis runter zu Minus 3, 4 Grad, gibt es noch Zellen, die sich teilen können. Ja und auch wenn man so sagt, da unten im tiefen Meeresgrund, da herrschen auch, je nach dem wie tief sie sind, immense Drücke, das macht den Mikroorganismen, die dort leben, nicht aus. Auch bei diesen Black smoker, diese hydrothermalen Wans nennt man das, auch da sind im Prinzip Temperaturen, das weiß man so um die 600 Grad, das ist zwar eine Temperatur, oder zum Teil auch höher darin, das Temperaturen, die die Mikroorganismen nicht mehr abkönnen, aber irgendwann relativiert sich - das sind sehr kurze Gradienten von Temperaturen, und da wird man schnell in den Bereich von hundert Grad kommen, da entwickeln sich sofort Mikroorganismen, die sich sozusagen an dieses Leben angepasst haben.

A: wie ist denn das mit den Klärwerken. Arbeiten die auch mit Bakterien? Um das wieder zu neutralisieren?

Prof. Streit: keine Kläranlage würde funktionieren, wenn dort nicht Mikroorganismen in diversen Becken und auch am Ende in diesen Faultürmen einen richtig guten Job machen würden. Da sind überall Mikroorganismen in den Prozessen fest etabliert.

A: Sind die bewusst reingesetzt?

Prof. Streit: ja klar. Bewusst. An diversen Stufen werden die reingesetzt, bzw. werden die Kläranlagen einmal hochgefahren oder gebaut werden und dann gestartet werden, werden dort die Populationen, diese Mikroorganismenpopulationen, die werden einmal etabliert, später zur Not, wenn die Populationen mal zusammenbrechen, wieder angeimpft oder Wieder re-etabliert,

A: Wer weiß das dann, oder aufgrund von - z.B. wenn ich diesen Haufen habe, der da übrig bleibt, woher weiß ich denn, das de sterben oder eben halt aktiv sind.

Prof. Streit: Diese Kläranlagen werden in der Regel mikrobiologisch betreut, bzw. ist das eine Mischung aus Mikrobiologie und Verfahrenstechnik und die Leute, die dort vor Ort sind, die führen auch mirkobiologische Analysen durch, um zu überprüfen, dass die Populationen, dass das alles normal läuft. Man weiß auch relativ gut, was das für Mikroorganismen sind, die da in den unterschiedlichen Klärbecken tätig sind.

A: was passiert, wenn sich zwei Menschen näher kommen. Z.B. Beim Beischlaf. Was passiert denn dann?

Prof. Streit: ich weiß nicht, ob das schon untersucht wurde, aber wenn die Mikroorganismen nicht ganz fest an der Hautoberfläche angeheftet sind, werden die mit Sicherheit auch übertragen von einem auf den anderen.

A: mit dem Küssen hast du ja schon mal den Austausch. Da wo sie sagten, unter den Achselhöhlen, etc etc da ist ja überall richtig schönes Leben. Überall eigentlich.

Ich stell mir das gerade so vor. Ich nehme meine beiden Handflächen, die sind einander fremd, und ich sage nur mal guten Tag.

Prof. Streit: wenn sie da Keime dran heften haben, ist die Wahrscheinlichkeit, das sie die auf den Kollegen übertragen, relativ hoch.

A: was heißt jetzt Keime?

Prof. Streit: also Bakterien. Das wäre also auch ein Grund, warum sie sich eben die Hände waschen sollen, wenn sie z.B. von der Toilette kommen, oder wenn sie zum Essen gehen, damit sie eben die Keime, die sie irgendwo aufgenommen haben, dann vielleicht nicht gleich mit der Nahrung verzerren.

A: ich habe mal einen Kollegen gehabt, der sagte, ich gehe mir nicht die Hände waschen. Denn wenn ich mir die Hände wasche, fange ich mir noch mehr Bakterien ein. Aufgrund des Ortes, wenn sie z.b. auf der Toilette sind, an die Türklinken anpacken, und manche waschen sich nicht de Hände, das ist das ja irgendwie so ein Sammelbecken, wo ....

Ist denn mittlerweile mal herausgestellt worden, wo sich denn für den Menschen oder im menschlichen Bereich am meisten sich die Bakterien sammeln. Wenn jetzt mal viele Menschen aufeinander kommen. Z.B. wie im Krankenhaus.

Prof. Streit: ja, aber da ist ihr Kollege nicht ganz korrekt, in seiner Analyse. Gerade im Krankenhaus sind Hygienevorschriften extrem wichtig. Das sich die ganzen Krankenhausmitarbeiter regelmäßig die Hände waschen und auch zwischen jedem Patienten müssen auch die Hände desinfiziert werden. Sonst übertragen sie tatsächlich Mikroorganismen von einem Patienten zum anderen. Nicht umsonst tragen die da ständig diese Handschuhe und sprühen auch ständig diese Desinfektionsmittel drauf.

A: was passiert denn eigentlich, wenn der Mensch denn dann stirbt. Was passiert denn dann?

Prof. Streit: sie stellen Fragen? Sie meinen nicht eine Feuerbestattung?

A: eine ganz normale Erdbestattung. Wir packen diesen Menschen dann, wenn er denn gestorben ist, packen wir in Sarg rein und verfrachten ihn in die Erde. Leben die dann noch weiter, die Jungs (Bakterien)

Prof. Streit: die haben dann sozusagen ein Freudenfest. Die bauen den Menschen oder die Biomasse des Menschen dann entsprechend ab. Das sind zunächst, solange es noch genügend Sauerstoff gibt, werden vor allen Dingen auch Pilze und aerobe Mikroorganismen an dem Abbau beteiligt sein und irgendwann, wenn der Sauerstoff aufgebraucht ist, werden es vor allen Dingen aerobe Abbauprozesse sein, bis halt nichts mehr über bleibt.

A: und wo gehen die dann hin?

Prof. Streit: die Bild hat im Prinzip alles mineralisiert und dann in den Boden rein diffundieren. Pflanzennährstoff werden.

A: die Bakterien selber... verwandeln die sich dann auch?

Prof. Streit: ja, die werden dann auch irgend-wann absterben, wenn keine Nährstoffe für diese Gruppe da ist. Wenn die ganzen organischen Bestandteile aufgebraucht sind, und alles - der ganze Kohlenstoff, der wird zunächst von den Aeroben abgebaut zu CO_2. Aber dann gibt es auch irgendwann eine ganze Reihe von Gährpro-zessen, die einsetzen, wenn das alles abgelaufen ist, werden auch die mikrobiellen Populationen wieder zusammenbrechen.

A: das sind ja Katalysatoren, sozusagen, die Bakterien in dem Fall. Prof. Streit: Genau

A: die katalysieren und machen es dann zu Mineralien.

Prof. Streit: die werden dann absterben im wesentlichen. Natürlich werden auch geringe Zellenzahlen übrig bleiben. Die sind einfach überall im Boden. Se haben auch, wenn sie

so ein Gramm Boden, egal aus welcher Tiefe holen, haben sie immer eine gewisse Anzahl an Mikroorganismen, die dort auch leben.

A: wenn diese Minerale im Boden sind, die durch diese Katalysatoren entstanden sind, und jetzt setze ich da eine Pflanze rein.

Prof. Streit: da freut sich die Pflanze.

A: die freut sich dann. Und die wächst dann. Dann sind die Minerale ja wieder in der Pflanze drin. Dann könnte ich ja rein theoretisch diese Pflanze essen und ich hab sie wieder drin.

Prof. Streit: ja klar. Kreislauf. Kohlenstoffkreislauf. Phosphatkreislauf, Stickstoffkreislauf. Es wird immer alles recycelt. Es dreht sich alles rum. Jedes Molekül, was wir schon mal gegessen haben, oder was wir essen, ist mit Sicherheit schon mal irgendwie verwertet worden.

A: Ich habe das z.b. Mal mit Wasser gemacht. Im Wasser sind ja logischer auch Bakterien. Und ich habe dann gesagt, wenn der Mensch aus wieviel Prozent Wasser besteht, siebzig Prozent?

Prof. Streit: so um, ich glaub sogar mehr, ich weiß nicht so genau. Ist schon signifikant.

A: das heißt, wenn ich den dann beerdige, oder selbst wenn ich den verbrenne, geht das Wasser irgendwo hin. Und dann ist es in der Luft, regnet es irgendwann und kommt wieder in die Erde und dann wieder ins Trinkwasser rein. Und dann habe ich gefragt, wenn ich alle jemals gelebten Menschen zusammen rechne, wieviel Wassermenge ist das?

Prof. Streit: das kann ich nicht sagen. Es sicherlich signifikant. A: nur von Trinkwasser her. D.h. wir trinken dauernd Tote.

Prof. Streit: so kann man das nicht sagen. Der Planet ist ja zu zwei Drittel mit Wasser bedeckt. Also das ist ja auch nicht gerade wenig. Aber klar. Jede Zelle von jedem Lebewesen die sind zu fünfundsiebzig achtzigprozent oder höheren Prozentzahlen bestehen eben aus Wasser. Wasser ist essenziell, um Leben auf dem Planeten hier zu etablieren. Von daher ist das schon klar, dass .. Wasser aber ist nur eine chemische Struktur, ist auch nichts so besonderes.

A: wenn sie gesagt haben, es dreht sowieso alles im Kreise, d.h. Jetzt auch, wenn ein Mensch - wir gehen jetzt wieder davon aus, es stirbt ein Mensch, sterben mehrere Menschen, die sind dann erst auf dem Friedhof, nehmen wir die Zeit einfach heraus, dann stehen da irgendwelche Büsche mit irgendwelchen Früchten, und andere Menschen essen diese Früchte. Wenn man das alles immer wieder umpflügt, ist das ein in sich selbst Ding.

Prof. Streit: ja es ist so ein recyceln. Klar. Das ist der gesamte Planet.

An: wer ist denn dann maßgeblich dafür einerseits - wenn wir jetzt eine bestimmte Klimazonen nehmen, wie hier z.b. Deutschland, wer ist dafür verantwortlich, oder was ist dafür verantwortlich, welche Spielregel oder welche Regeln sind dafür verantwortlich, das der Mensch dann jedes Mal dann anders aussieht. D.h. Wenn ich jetzt in meine

Generationskette gucke, sehen ja meine Kinder anders aus. Das wird ja immer durchgemischt. Kann es da eine Wiederholung geben? Von der wir nichts wissen. Warum mutiert das? Wenn sich das aus sich selbst heraus speist.

Prof. Streit: das ist eine Frage, die liegt so ein bisschen außerhalb der Mikrobiologie, das sind aber evolutive Prozesse. Es gibt nie die gleiche Zelle.

A: sie mutieren mit.

Prof. Streit: sie mutieren nicht. Wenn sie zwei Körperzellen oder die genetische Information von zwei Körperzellen zusammen bringen, haben sie einfach einen genetischen Austausch. Alleine statistisch ist es schon nicht möglich, wenn die beiden Körperzellen zusammen gebracht werden, das sie statistisch das gleiche Event nochmal haben.

A: z.b. Auch die Abstosswirkung bei Organ-
verpflanzungen.

Prof. Streit: ja, das ist aber auch weit weg. Das
hat wiederum damit nichts zu tun.

A: wenn ich jetzt ihre Zelle und meine nehme
und packe die zusammen. Was passiert dann?

Prof. Streit: da ist soviel Erbmaterial drin. Ich
meine, dann haben sie zunächst mal, wenn sie
daraus eine Zelle machen, haben sie den dop-
pelten Satz an Erbinformation. D.h. Sie müssen
die Hälfte wieder loswerden, um eine vernünftige
funktionierende Zelle zu haben. Und bei diesem
loswerden müssen sie sich ja entscheiden, welchen Teil nehme ich jetzt von da und welchen
Teil nehme ich von da und das im wesentlichen
ein rein zufälliger Prozess, weil das auch so eine
große Menge an DNA ist, ist das statistisch so,
dass sie nie die gleiche Erbinformation wieder
generieren.

A: die haben gesagt, wenn die Eltern mehrere
Kinder haben, dann ist jedes Kind komischer
Weise, weil diese Genkette irgendwie verrutscht,
bei jedem weiteren Kind verrutscht die und wird
anders.

Prof. Streit: das kann ich so nicht nachvoll-
ziehen. Sie haben nur ein Genpool, aber der wird

immer neu gemischt. Vater und Mutter bringen eigentlich den - wenn sie heute eine Körperzellen von beiden nehmen, oder nächstes Jahr eine nehmen, das ist immer der gleiche genetische Pool.

An: das bleibt gleich.

Prof. Streit: das ist ja gleich. Aber das was sie daraus mischen, ist halt immer wieder etwas anderes.

An: ja aber wer veranstaltet das mischen?

Prof. Streit: das sind natürlich die Prozesse, die während der Zeugung passieren. Bzw. Wenn das erste Zellstadium iniziert wird.

An: Hängt das eventuell auch von Alter ab?

Prof. Streit: das wird sicherlich auch vom Alter der Eltern abhängen, weil man sehr genau weiß, das der Genpool oder das der Chromosom der Eltern sich altersabhängig verändern. Die verändern sich. Das wird jetzt über das hinaus gehen, was ich ihnen sagen kann. Ich bin da kein Experte.

A: verändert sich im Laufe des Menschenalters die Bakterienkulturen. Die Völker, die da leben, verändern die sich auch? Wenn der Mensch altert?

Prof. Streit: dazu gibt es leider noch keine Studien. Bzw. alles was man weiß, wird sich so in den nächsten Jahren dann auch herausstellen. Man muss aber davon ausgehen, das sich sich zumindest leicht verändern. Das hängt auch immer ein bisschen davon ab, wie wir uns ernähren, wenn man so über die Zeit seine Ernährung verändert. Wird sich auch die mikrobielle Lebensgemeinschaft ändern. Oder wenn man auch den Klimabereich wechselt, dann wird sich die mikrobielle Community verändern. Oder stellen sie sich vor, sie machen so eine Antibiotikatheraphie durch, dann bringen sie vielleicht ein Großteil der Mikroorganismen, die sich auf und im Körper befinden, erstmal um. Dann muss sich die Community langsam wieder erholen, über vielleicht ein, zwei Jahre, bis sie wieder so ein Gleichgewicht gefunden haben.

A: wenn ich jetzt genau in dem Zeitpunkt die Tabletten eingenommen habe, das läuft ja über sieben Tage, ich weiß nicht genau wie die Zeit ist, die fangen dann wieder neu an. Wie gefährdet bin ich dann in der Zeit. D.h. Wenn ich keine Bakterien habe.

Prof. Streit: Keine ist nicht wahr. Sie werden immer welche haben. Es geht ja, wenn sie so ein

Antibiotikum schlucken, vor allen Dingen darum, einen Krankheitserreger loszuwerden.

A: der da mit drin hängt.

Prof. Streit: der da mit drin hängt. Viele der Organismen, die sie mit sich tragen, denen ist das schnuppe, ob sie ein Antibiotikum nehmen, oder nicht. Aber es sind auch welche dabei, die dann auch in die Knie gehen.

A: freuen sich die anderen, die dann übrig bleiben?

Prof. Streit: möglicherweise, aber das halt auch ein komplexes Geschäft, was sie so im Intestinal trakt durchführen. Die einen Da haben sie Nahrungsketten, und das ist ehr so, wenn sie durch eine Antibiotikabehandlung die Nahrungskette an der eine Stelle komplett unterbrechen, haben die anderen auch nichts davon. Ich würde das nicht so sagen, dass sie sich freuen. Ich würde eher sagen, schwierig. Ob sie dann gefährdet sind,

A: klar, auf meinem Körper wohnen überall Völker. Die leben da und machen mich auch nicht kaputt. Sind die Helfer. Wie kann ich das beurteilen? Was machen die für mich?

Prof. Streit: sie sind Helfer. Also zum einen - sie müssen sich das halt auch so vorstellen - dort wo so - diese Bakterien auf der Haut, die wir eben schon angesprochen haben, sitzen und verhindern, das andere Keime dort andocken, die helfen eben, die Haut in dem Bereich zu schützen, vor Krankheitsbefall. Sie helfen ihnen, ihre Nahrung aufzunehmen und generieren also nicht nur die Nahrung auch kleiner zu machen, bzw. Die Nährstoffe daraus zu extrahieren, die Bakterien generieren auch zusätzlich noch Nährstoffe für sie, die sie selbst gar nicht generieren könnten. Z.B. etliche der Vitamine, der essenziellen Vitamine, Glutin beispielsweise. Das müssen die Mikroorganismen ihnen liefern, oder sie müssen es über Fruchtsäfte - Obst und Gemüse zu sich nehmen.

A: wie ist das z.b. - ich gehe nicht in die Sonne oder ich gehe viel in die Sonne. Ich hab immer das Gefühl, diese sogenannte Volksweisheit sagt, wenn ich in die Sonne gehe, bildet der Körper Vitamin C selbst.

Prof. Streit: Vitamin D.

A: Was er im Winter nicht machen kann. Helfen die Bakterien an der Stelle auch damit.

Prof. Streit: gut, das weiß ich nicht. Ich kenne mich mit dieser Art von medizinischer, zoologischer Frage kenne ich mich nicht aus. Ich weiß nur, wenn Mikroorganismen in die Sonne kommen, wenn sie die auf der Haut haben, die werden das auch nicht so gut finden. Weil natürlich die UV- Strahlung auch den Mikroorganismen nach einer gewissen Zeit, zumindest die auf der Oberfläche sitzen, die werden sie damit auch wegbrennen.

Bei solch einem richtigen Sonnenbrand, den sie sich holen, da werden sie auch die mikrobielle Lebensgemeinschaft auf den Hautpartien sicherlich auch sehr stark geschädigt haben.

A: was tun die noch für mich? Wenn ich das für mich noch einmal repetiere, heißt das für mich, sie machen mich als Körper - sie führen keinen Krieg gegen mich. D.h. Sie nehmen den Wirt nicht aus. Sie nehmen ihn nicht auseinander. Wenn sie das nicht machen, d.h. Sie haben - wenn man dann die Erde bezüglich des Menschen betrachtet, schafft der Mensch die Erde auch soweit auszuhöhlen, also wenn man das vergleichen würde?

Ich bin jetzt die Erde und die Bakterien sind die Bewohner. Ist das ungefähr ein gleiches Verhalten?

Prof. Streit: nö, das glaube ich nicht. Ich glaube, die Bakterien, zumindest beim normalen gesunden Menschen, ist das ein Gleichgewicht, über das wir reden. Dieses Gleichgewicht ist immer fein ausbalanciert und da würde ja sofort gegengesteuert werden, wenn man irgendwo eine Infektion hat, würde man ja auch zum Arzt gehen, und sich ein Antibiotikum besorgen, um dann diesen Problemfall zu lösen. Wenn ich so mal spekulieren darf, wenn man das auf den Globus bezieht, dann ist es ja eher so, dass ein gegensteuern viel zu spät geschieht oder gar nicht geschieht. Ein bisschen weg von der Mikrobiologie hin, so auf globale Klimaerwärmung und so etwas zu sprechen kommt.

A: ich denke, dass die Vulkanausbrüche oder die Meteoriteneinschläge viel viel heftiger sind, als was der Mensch veranstalten kann.

Prof. Streit: da bin ich mir nicht sicher. Also, ich stimme ihnen zu, Vulkanausbrüche und sowas, das hat schon impekt, da kann schon viel passieren und auch was da so an Gasen und Staub in die Atmosphäre geschleudert wird, das ist sicherlich von extremer globaler Bedeutung. Was jetzt der anthropogene (von Menschen verursacht) Einfluss auf die Klimaerwärmung angeht, durch den Menschen, insbesondere Thema CO2 und auch Methan, glaube ich, ist die Rolle des Menschen mehr als signifikant, denn egal wie man die Kurven, die man so sieht, interpretiert, der Anstieg der Klimaerwärmung korreliert für mich ganz klar so mit dem Start der Industrialisierung. Wenn man sich jetzt auch die - wenn man und diesen Messungen glauben schenken darf, in denen CO_2 als auch Methan, also die Haupttreibgase gemessen werden, dann sind das ja schon signifikante Anstiege, die in den letzten hundertfünfzig Jahren zu verzeichnen hatten. Und damit korrelieren auch ganz klar Veränderungen und Verschiebungen so im Klima.

A: Damit sagen sie mir doch eigentlich, wenn ich die Masse Mensch nehme, und ich pupse. Nur als Fall: ich gebe Gas ab. Das haben die z.b. Bei den Kühen gesagt. Wenn die Rinderzucht machen, dass sei ganz erheblich, was da passiert an Gasen.

Prof. Streit: die Rinderzucht ist sicherlich richtig dafür. Das ist ja dieses. Das was sie gerade da so bezeichnet haben, was die so an Gasen ausscheiden, ist ja zwar eine Mischung, aber ein Grossteil davon ist Methangas. Das was da abrauscht. Das produzieren die Menschen natürlich auch und das produzieren alle Tiere, das produzieren aber auch die Insekten, das gibt es in, ich bin da nicht so tief drin, aber das sind auch signifikante Tonnagen, die dort produziert werden, und die haben prinzipiell eben Einfluss, auf das was passiert.

A: was speziell Methangas angeht, sind das die einzigen, die das produzieren, oder gibt es noch etwas anderes, dass das auch noch produziert.

Prof. Streit: also Methangas per se - also das was zur Zeit produziert wird, das wird immer nur von Mikroorganismen produziert. Das sind also die Mikroorganismen, die in den Intestinal Trakten von ihnen, von mir, von den Kühen, von den Schafen, von den Insekten, die da so rumkrabbeln. Es sind eben immer die sogenannten Methanogene, die das machen. Aber - es gibt natürlich noch andere Quellen, im Moment die man im Auge hat. Das sind ja so fossile Quellen, oder Quellen, die vor Millionen Jahren eingeschlossen wurden. Ich bin aber auch da kein Experte, soweit ich das verstehe sind vor allen Dingen die Bereiche der Tundren und dieser Permafrostböden, die aufgrund dieser geringen globalen Erwärmung, ein Grad oder zwei Grad plus, fangen die an, abzuschmelzen. Und dort sind extreme Mengen an Methangas gespeichert. Und wenn man das auftaut, blubbert das Zeug natürlich ab kommt da raus, Aber das ist natürlich irgendwann mal - als es sowieso wärmer war auf dem Planeten Erde, produziert worden. Durch Mikroorganismen und dann dort im Prinzip im Eis eingeschlossen worden ist.

A: dann frage ich: kann der Mensch denn dann bewusst dieses Methan, was ihn ja dann doch schädigt, oder die Atmosphäre verändert, hat der Mensch das generell im Griff?

Prof. Streit: ich glaube schon. Das man das in den Griff bekommt, wenn man ganz gezielt verzichtet, fossile Energien zu mobilisieren. Und schlichtweg auf alternative Energien oder auf nichtfossile Energien umsteigt. Und die auch konsequent nutzt.

A: dann ist die ganze Ökologie ja doch gefährlich. Das in Anführungsstrichen die Ökos sagen, dann ist das ja doch nicht so ohne.

Prof. Streit: natürlich nicht. Alles was CO_2 produziert, ist gefährlich. Wir sind jetzt weit weg von der Mikrobiologie, aber meine persönliche Meinung ist, das man sich sehr wohl überlegen muss, ob man ein Kohlekraftwerk baut oder nicht. Allein wegen des CO_2 Ausstoßes.

A: das ganze Erdöl z.b. - das ist vielleicht eine Kindervorstellung von mir, das das doch irgendwelche Dinosaurier oder zumindest tierische Siedlungen oder Kompaktsiedlungen waren, die

dann irgendwann umgesetzt worden sind zu Erdöl.

Prof. Streit: Natürlich, das ganze ist ein fossiler
Rohstoff. Das waren mal tropische, subtropische
Wälder, die dann im Läufe der Jahrmillionen
umgesetzt worden sind.

A: sind das jetzt Wälder, sind das jetzt nur
pflanzliche oder tierische....

Prof. Streit: alles, aber im wesentlichen war
das pflanzliche Biomasse.

A: wo ist denn dann der Unterschied, das ich
einerseits den Weg der Kohle habe, und ander-
seits den Weg des Erdöls habe. Wo ist da der
Unterschied?

Prof. Streit: es ist eigentlich kein Unterschied.
Das sind alles fossile Energieressourcen, ich bin
jetzt auch kein Geologe, wann auch immer die
entstanden sind, aber es sind fossile Ressourcen,
fossiler Kohlenstoff, der in der Form, in der er in
der Erde gebunden ist, sicherlich gut aufgehoben
ist. Aber wenn wir diese fossilen Ressourcen
mehr und mehr in die Atmosphäre bringen, haben
wir natürlich ein weiteres Aufschaukeln der Erderwärmung zu erwarten.

A: wenn wir dann eine Erderwärmung haben,
dann schmelzen die Pole, wenn ich sie richtig

interpretiere, setzen wir noch mehr frei davon, und wenn die Pole dann abgeschmolzen sind, dann wir irgendwann der Golfstrom weggehen, diese pumpenartige....

Prof. Streit: dran gibt es jetzt schon die Befürchtungen, das das am kippen ist.

A: das er aufhört und dann steigt ja zwischendurch auch noch der Meeresspiegel,

Prof. Streit: was ja vielleicht gar nicht so dramatisch ist, für gut aufgestellte Länder ist, aber ich glaube eher so das Problem der allgemeine Temperaturanstieg ist. Und das was wir also hier in Europa - Mitteleuropa sind wir gut aufgestellt, wir haben dann hier das ganze Jahr über Verhältnisse wie man sie gerade auf den Kanaren kennt. Leute, die im Mittelmeerraum wohnen, die haben dann Verhältnisse wie wir sie in der Sahara haben. Gleichzeitig brechen uns, nicht nur uns, brechen weltweit natürlich die ganzen landwirtschaftlich genutzten Flächen weg oder ein Großteil. D.h. Sie können diese ganzen Ressourcen, all das, wo sie heute im Überfluss haben im Supermarkt, das können sie gar nicht mehr produzieren.

A: weil dann die Flächen nicht da sind.

Prof. Streit: weil plötzlich dann aride (trocken, dürr) Zonen werden.

A: 1975 habe ich mal einen Meteorologen gesprochen, der sagte mir, wenn im Durchschnitt die Erderwärmung um drei Grad ansteigt, das dann der Meeresspiegel um 70m ansteigt.

Prof. Streit: Nee, das glaube ich nicht. Ich bin auch da nicht..... Da wurden sie besser jemanden vom IFM in Geomar fragen. Die kennen sich damit aus. Je nachdem, was bei mir angekommen ist, steigt der Meeresspiegel am Ende ein vielleicht auch zwei Meter. Das ist natürlich dramatisch für die Kollegen in Holland und auch sicherlich für die direkten Küstenbewohner, aber der Anstieg ist viel dramatischer hinsichtlich der Flächennutzung und der Temperatur. Das müssen sie sich ja nur für den Mittelmeerraum vorstellen. Die betreiben grad noch Landwirtschaft und haben zum Teil jetzt schon Temperaturen im Hochsommer um die vierzig Grad. Wenn sie dann noch zwei, drei Grad nach oben gehen, da kommen sie mit Bewässerungstechnik irgendwann an die Grenzen.

D: wie ist denn das, wenn es wärmer wird, weiß man ja, dann freuen sich die Bakterien. Die vermehren sich ja.

A: Maximal hundert Grad war das doch.

Prof. Streit: Bakterien, da gibt es so welche, die können bis hunderteinundzwanzig, hundertzweiundzwanzig Grad gerade so wachsen.

D: da wäre ja dann die Frage, auch gerade hinsichtlich der Landwirtschaft, wenn wir jetzt Kühe haben, wo die Bakterien dafür verantwortlich sind, wenn es um die Kühe herum wärmer ist, würde ich mir auch denken, klar es gibt die Körpertemperatur, die wird wahrscheinlich auch ein bisschen angehoben, wodurch wahrscheinlich auch die Methan produzierenden Bakterien leicht.....

Prof. Streit: das glaube ich nicht. Bei der Kuh sind es eh nicht siebenunddreißig, sondern so Anfang vierzig Grad. Und das ist glaube ich nicht kritisch. Ich glaube eher, das sich das gesamte Bild der Landwirtschaft verändert. Was eben angebaut werden kann. Auf welchen Standorten. Wir werden dann auch hier nicht mehr so wie jetzt so Raps haben. Dann wird hier vielleicht gibt es hier demnächst Olivenhaine.

A: Oh schön. Orangen. Zitronen.

Prof. Streit: die gesamte Fläche wird halt enger werden. Wir sind im Moment, es ist ja so, dass die Nutzung der Flächen, soweit ich es verstehe, auch- sie sind zwar ausgelastet. Es kommt vielleicht zu geringen Engpässen, also auch diese Konkurrenz zwischen Farming for Foot und Farming for Energy. Aber stellen sich mal vor, sie nehmen ein Drittel der Flächen überhaupt raus. Ja, dann wissen sie ja gar nicht mehr, dann reicht Dana gar nicht mehr, um die gesamte Ernährung zu sichern. Dann wird diese gesamte Diskussion, ob wir Farming for Foot überhaupt noch betreiben können. Das wird dann hinfällig. Das geht dann gar nicht mehr.

A: aber der Witz ist ja dann der, das wenn wir eine Klimaveränderung kriegen, und das wird hier sozusagen mediterranes Klima, dann kann man ja auch die Sonne besser anzapfen.

Prof. Streit: ja, aber das weiß ich nicht. Ich bin kein Physiker. Und ich kenne mich mit Solarpenels und sowas nicht aus.

A: wenn es wärmer wird, brauchen wir weniger zu heizen.

Prof. Streit: klar,

A: das ist auch wieder so eine komische Balance.

Prof. Streit: richtig, dafür müssen sie woanders wieder kühlen.

A: dann hast du einen Stand wie in Amerika. Überall die Kühlgeneratoren laufen.

Prof. Streit: das muss man sich halt auch so vorstellen. Das was wir hier bisher über an Heizkosten benötigen oder investieren müssen, müssen andere Kollegen in südlichen Gefilden das gleiche oder noch mehr geben die aus, um Wohnungen zu kühlen. Das sind unerhebliche Mengen an Energie, die da rein gehen.

A: nochmal zu den Bakterien. Gibt es von den Völkern, die da den menschlichen Körper besetzen, gibt es da eigentlich Charaktereigenschaften, kann man ja fast nicht sagen. Die Unterschiede oder die Aufgabengebiete, z.b. im Mundraum sind Bakterien, die komplett anders sind, als die unter den Achselhöhlen,

Prof. Streit: Natürlich gibt es da unterschiedliche Aufgaben. Also die Mikroorganismen im Mundraum tragen z.b. zum Teil dazu bei, dass sie Mundgeruch haben, wenn sie welchen haben. Die helfen vielleicht auch so ein bisschen die Nahrung soweit, obwohl sie nur kurz dort verweilt, die würden noch ein paar Enzyme oder Biokatalysatoren produzieren und so bei der Nahrungsaufnahme schon mitzuhelfen.

A: wenn ich jetzt gegessen habe, und ich putze mir auch noch die Zähne, und dann lege ich mich ins Bett, dann geht es ja wieder los. Dann arbeiten die ja weiter.

Prof. Streit: richtig, die wachsen dann wieder nach. Die wachsen einfach, weil es - die finden das gut da drin. Die wachsen dann einfach auf den Zahnhälsen und den Oberflächen wieder an

A: die schädigen mich ja dann auch.

Prof. Streit: nicht unbedingt. Einige können sie schädigen. Es ist aber nicht so, dass sie jetzt alle Mikroorganismen, die sie in ihrem Mund haben, schädigen. Im Gegenteil. Das sind nur ganz wenige, die sie schädigen. Wenn überhaupt.

A: was sagt der Zahnarzt zu mir, was Parodontose ist, wenn das Zahnfleisch zurück geht.

Prof. Streit: wenn das Zahnfleisch zurück geht weil sie eben ganz starken bakteriellen Befall in diesen Zahntaschen drin haben. Das muss nicht so sein. Es gibt Leute, die haben keine Probleme damit. Das andere ist ja, das sie Karies haben. Karies ist aus den Bakterien verursachte Löcher. Dann haben sie den Schweizer Käse Modell da in den Zähnen.

A: also sind wir ja doch dabei, dass die Bakterien den Menschen..... St: es gibt auch viele Menschen, die haben keinen Kariesbefall.

A: aufgrund dessen, das was die essen?

Prof. Streit: das ist gut möglich. Oder aufgrund dessen, das sie Bakterien haben, die verhindern, dass die bösen Burschen da rein kommen. Ja, das müssen sie halt auch immer so sehen. Da wo schon die guten sind, da tun sich so vereinzelte böse schwer, da noch dazwischen zu kommen.

A: wer sorgt denn dafür, dass dann die guten mich schützen und die Bösen draußen bleiben. Was sorgt schlussendlich dafür.

Prof. Streit: das weiß man nicht. Das sind ganz schwere..... Das ist das, was ich schon vorhin schon sagte. Solche Prozesse wird man erst in den nächsten zehn Jahren verstehen. Was führt tatsächlich dazu, das da nur die guten überleben und nicht die Bösen sich durchsetzen können.

A: ich gehe zum Zahnarzt und der sagt mir, ich habe Paradontose. Putzen sie mal ihre Zähne anständig. So und dann putze ich die Zähne anständig und trotzdem merke ich

aber komischer Weise, das hängt dann mit Stress zusammen. Das der Stress dann dafür sorgt, das das wieder ins Ungleichgewicht gerät.

Prof. Streit: nee, das ist auch - natürlich ist es eine altersabhängige Erscheinung. Jetzt sind sie vielleicht nur ein paar Jahre älter. Das ist auch nicht soviel, das ich nicht sagen kann, aber es hat natürlich auch damit zu tun, dass wie ihr Körper mit den Mikroorganismen interagiert. Der Körper sendet natürlich auch Signale auf die Mikroorganismen. Die Mikroorganismen senden Signale auf die Körperzellen und die reden miteinander. Da gibt es halt viel Cross-Talk würde man das nennen und die Mikroorganismen beeinflussen natürlich auch das Zellwachstum, der Zellen um den Zahnhals herum, oder auch im Darm und so und je nachdem wie stark die da beeinflussen, entsprechend hat man Paradontose oder halt nicht. Das ist eine der Faktoren. Das hängt natürlich auch mit den Mikroorganismen zusammen, die sie da drin haben. Aber das ist auch nicht alles. Wie gesagt, es gibt halt auch Menschen, die haben damit keine Probleme. Die sind steinalt.

A: dann sind ja Bakterien doch imstande, weil wir ja gesagt haben, ein Virus hängt mit auf den Bakterien, und vielleicht in den Bakterien drin, das wenn ich meinen eigenen Haushalt, d.h. die Nahrungsaufnahme oder kein Sport treibe, oder eben hält zuviel rauche, zuviel trinke, oder wie auch immer man das Ding ins Ungleichgewicht bringt, das die Bakterien dann auch sagen, wir haben kein Bock. Wir zeigen dir mal, wo der Hammer hängt.

Prof. Streit: das glaube ich eher nicht. Die würden sich danach wieder einstellen. Also wenn man zuviel raucht, da wird man einfach für solche Organismen selektionieren, die dann auch daran gewöhnt sind.

A: die arbeiten dann eigentlich für mich. D.h. Wenn ich jetzt rauche, oder soundsoviel rauche, dann sagen die, da haben wir etwas zu tun.

Prof. Streit: ja, gut möglich. Ich weiß gar nicht, ob es Untersuchungen dazu gibt.

A: man sagt zwar, dass Rauchen schädigt, aber wenn ich jetzt irgendwo in irgendeiner Fabrikation arbeite, oder ich war eine Länge Zeit in Berlin, und sie gehen durch die Strassen, und sie kriegen dann den Mief von den ganzen Autos ab und dann wird ihnen so schummerig im Kopf, das wissen sie, das das auch irgend etwas faules ist.

Prof. Streit: gesund ist das sicherlich nicht. Das hat nix mit den Bakterien zu tun.

A: hat logischerweise direkt oder indirekt Einfluss auf die Bakterien?

Prof. Streit: das wird indirekt auch Einfluss haben. Aber es ist halt so, im Moment ist es so, dass man ziemlich sicher ist, dass jeder Mensch eben sich auch wie so ein Fingerabdruck, hat er auch so einen mikrobiellen Abdruck. Das ist halt sehr spezifisch. Und dann erkennt man auch nicht genügend Menschen, wo man so die mikrobiellen Populationen schon im Detail analysiert hat. Es ist ja eines zu sagen, ich habe jetzt eine mikrobioelle Population. Aber dann muss ich auch genau wissen, wie hat sich der Mensch in den letzten zehn- fünfzehn Jahren ernährt, wo lebt er, hatte der Infektionen, musste der mit Antibiotika behandelt werden. Das sind ja alles so Aussenfaktoren, die auf die Zusammensetzung der mikrobiellen Lebensgemeinschaft in ihrem Körper Einfluss nehmen, und das was man so an Ergebnissen weiß, tatsächlich so Wissen der letzten drei bis fünf Jahre ist, ist das jetzt viel zu früh, um zu sagen, um solche Rückschlüsse wasserfest hinstellen zu können.

A: wie lange gibt es eigentlich schon die Geschichte der Bakteriologie? Ist das mit dem Koch gegründet worden.

Prof. Streit: ja, also wenn man so einen deutschen Mikrobiologen im Nobelpreis erwähnen würde, dann würde man den Robert Koch sicherlich hervorheben. D.h. Wir reden also so um die gute hundertfünfzig Jahre oder so, tatsächlich Mikrobiologie in dem Sinne, aber es gab natürlich auch Mikrobiologen, die auch aus anderen Ländern kamen und somit in der frühen Phase aktiv waren.

A: ist das die gleiche Zeit gewesen?

Prof. Streit: das ist im Wesentlichen die gleiche Zeit gewesen, Mikrobiologie hat sich da ein bisschen heraus entwickelt, damals aus der Not, da waren ja so Infektionskrankheiten, Zeitalter industrielle Revolution - 1850 herum, da waren vorallendingen hohe Kindersterblichkeit, da gab es diese Schwindsucht, was auch immer das war, Cholera, Ausbrüche in Mitteleuropa, auch in Hamburg, da gab es 1850 rum mal so einen richtigen Choleraausbruch. Da gab es viele bakterielle verursachte Todesfälle und da war die Mortalität , wenn man so die Statistiken anguckt, woran die Leute gestorben sind, da waren mikrobielle Infektionen, ganz vorne. Und darum herum haben sie sich dann in den entwickelten Ländern in USA , in Europa, in Japan, haben sich die ersten Forschungsprojekte auf den Weg gemacht.

A: eine Bewusstseinsbildung dessen, das da irgend etwas ist, was uns eigentlich im Wachstum behindert. Als Volk.

Prof. Streit: richtig und vor dem Hintergrund hat der Robert Koch natürlich überhaupt erstmal die Grundlagen gelegt. Was ist ein Mikroorganismus? Wie definiere ich denn ein pathogenen - einen krankheitsmachenden Organismus. Da gibt es die Kochschen Postulate. Wie kann ich denn so ein Organismus isolieren? Dann muss ich ihn wieder infizieren. Und durch den Wirt passagieren. Usw. Also diese ganz grundlegenden Arbeiten. Aber da gab es auch den louis pasteure. Z.b. auf der französischen Seite, der ähnliche Arbeiten geleistet hat. Da gab es auch die Mediziner, die auch erstmal gelernt haben, sich die Hände zu waschen, ich glaub, das war dieser Semmelweiss, da gibt es in Ungarn die Semmelweiss Universität, die nach ihm benannt ist. Also damals praktisch dieses Bewusstsein, da sind Mirkoorganismen. Wir müssen überhaupt erstmal lernen, das wir die verbannen.

A: Mikroorganismen heißt auch Bakterien. Prof. Streit: genau, heißt Bakterien.

A: dann können wir ja das Rad mal rückwärts drehen. Ich fange jetzt ab heute an, mich nicht mehr zu waschen.

Prof. Streit: das ist o.k. Ihr Problem.

A: das ist mir schon klar. Ich will das jetzt rückwärts drehen im Sinne von 1850 oder 1750. Wenn man dann sagt, o.k. Warum sind die Menschen so anfällig gegen ... auch Bakterien gewesen.

Prof. Streit: anfällig nicht. Das können sie nicht sagen. Die sind heute nicht anfälliger als damals. Vielleicht sogar eher umgekehrt. Das sie damals sogar resistenter waren gegen einfache Infektionen. Aber wenn sie eben Hygienestandards nicht einhalten, dann überleben die Mikroorganismen halt. Die greifen den Körper besser an.

A: ist das speziell nur für das Krankenhaus zu betrachten.

Prof. Streit: das ist natürlich für den gesamten Bereich. Für ihr tägliches Umfeld. Damals war ja noch gar nicht das Bewusstsein. Viele dieser Krankheitserreger sind ja - fast egal, was man für ein Beispiel nimmt, nimmt man den Bereich Mundhygiene, das man sich täglich die Zähne putzen muss, um Kariesbefall zu reduzieren. Das war sicherlich auch schon bei Louis Kars bekannt, aber der normale Bürger konnte das nicht tun, weil er gar nicht den Bezug zu einer Zahnbürste hatte. Bzw. Nichts damit anfangen konnte.

A: Zahnstocher haben die doch gehabt.

Prof. Streit: deswegen sind die auch alle mit verfaulten Zähnen durch die Gegend gelaufen. Da konnte sich auch keiner eine wirkliche Behandlung leisten. Das andere, was sicherlich ganz wichtig war, war das Bewusstsein für Wasser-Hygiene. Also Trinkwasser, was aufbereitet wird, was auch staatlich überwacht wird, und gesondert eingespeist wird in ein System, selbst ein Brunnen, der überwacht wird, das gab es ja erst tatsächlich um die Zeit herum. Mit dem Trinkwasser oder mit dieser Trinkwasserhygiene, das hat man erst in den Griff gekriegt, als tatsächlich die Choleraausbrüche, also auch grad in Hamburg, da gab es dann zum ersten Mal um 1850 herum strickte Anordnung, wie mit dem Trinkwasser umzugehen ist. Umgekehrt die Entsorgung von Fäkalien. Also die Einführung von zentralen Kläranlagen oder Abwassersystemen, um die Fäkalien aus den Strassen raus zu bringen. Das muss man halt alles parallel sehen. Die Leuten wussten vielleicht nicht so richtig, das das die Bakterien waren, die sie krank gemacht haben. Aber auch diese Art von Technologieentwicklung - Infrastrukturentwicklung hat sehr viel dazu beigetragen, die Infektionskrankheiten runter zu kriegen.

A: wie ist dann z.B. im Krieg, Wasser weißt du nicht, was du trinkst. Körperhygiene ganz schwierig. Wenn man den zweiten Weltkrieg sieht und wie das gelaufen ist. Dann haben dienBakterien in solchen Situationen die Möglichkeit, den Mensch wieder runterzudrücken.

Prof. Streit: ja, das kommt drauf an. Ich meine zum Glück muss ja keiner und hoffentlich auch nicht mehr von uns in diesen Situation kommen, wo wir nochmal so ein Krieg in Europa haben, in der Qualität, in der wir ihn hatten. Also das will ja wohl keiner.

A: wenn ich jetzt diese Punkte aufzähle: das Trinkwasser, die Fäkalien getrennt, die Körperhygiene, um sich mit sauberen Wasser säubern zu können. Wenn ich den Körper nicht dagegen steuere, also etwas dafür tue, was passiert denn dann? Dann haben wir doch wieder die Epidemien.

Prof. Streit: genau, wenn sie sagen, sie waschen sich jetzt drei Monate lang nicht, ist das ihre persönliche Entscheidung. Wenn sie keine Zähne putzen, zusätzlich, haben sie zunächst einmal einen fürchterlichen Mundgeruch. Ich bin jetzt auch kein Zahnarzt, aber ich könnte mir gut vorstellen, dass so nach einer Weile ihre Zähne schlichtweg wegfaulen. Weil die Mikroorganismen dann doch überhand nehmen. Was die Körperhygiene per se angeht, werden sie wahrscheinlich ihre Freunde, und gegebenenfalls ihre Ehefrau verlieren, weil die feststellt, dass sie fürchterlich stinken. Wenn sie sich wohl fühlen damit, ist ja Free Country , der kann ja machen was er will. Ist das letztendlich ....

A: die Jungs an der Flora....

D: ich wollte ja sagen. Das ist man nicht ja selber. Das sind ja die Bakterien.

Prof. Streit: also was da so stinkt, ist zum großen Teil - tatsächlich sind das Stoffwechselprodukte der Mikroorganismen, die eben solche z.b. Beim Mundgeruch kleine schwefelhaltige Verbindungen sind das, die auch in die Gasphase übergehen. Die stinken hält so. Bei dem Achselschweiss sind das im Wesentlichen kurzkettige Kohlenwasserstoffe, die eben auch gasförmig sind, und dann diesen intensiven Körpergeruch ablassen. Der Vorteil für sie ist sie haben dann in der s-Bahn oder in öffentlichen Bussen oder Bahnen haben sie immer mindestens einen Platz um sich herum, den sie sich aussuchen können.

A: es gibt ja auch in dem Volksmund, ich kann dich riechen. Was sagt uns das?

Prof. Streit: das wird sicherlich etwas damit zu tun haben. Mit dem natürlichen Geruch.

A: mit meiner subjektiven Chemie, mit meinen Bakterie, die das alles auslösen, als Konzert sozusagen ausscheiden, Mund und Achselhöhlen usw. Dann kommt jemand auf dich zu und sagt zu dir, der sagt ja dann indirekt, der Geruch gehört zu mir. Ich habe das zumindest mal gelesen, bevor Menschen zusammenknallen, der Geruch schon vorher lange alles klar gemacht hat, bevor du mit den Augen oder mit irgend etwas anderem anfängst.

Prof. Streit: ja, aber das ist sicherlich - es ist eine ganz schwierige Frage. Ich weiß nicht, ob das dann nur die Mikroorganismen sind. Der Mensch selbst produziert ja auch Feromone. Das ist sicherlich nicht ganz einfach. Und grad jetzt auch nicht in dieser Neuzeit, wo meisten irgend so ein Achseldeo oder irgend so ein Parfüm haben. Das wäre Glatteis. Da habe ich keine Expertise zu.

A: ja, wer macht denn mehr Geruch. Die Feromone oder eben halt die Bakterien. Prof. Streit: das kann ich nicht sagen.

A: was sind das für Hormone in diesem Fall?

Prof. Streit: das wären halt Wirkstoffe, kleine Parfümmoleküle, die der menschliche Körper absondert, und dann auch die Grenze zu ziehen, was kommt vom Menschen, was kommt von den Bakterien. Das ist sicherlich nicht so ganz trivial.

A: wie soll das gehen, das der Körper diese Feromone ablagert. Wie auch immer. Das sind denn dann ...... die Bakterien haben doch eigentlich die Überhand.

Prof. Streit: es ist gut möglich. Ich kenne mich damit nicht aus. Ich hab mich da nie ....

A: du hast das und das Volk. Ich komme zu dir. Kann das sein, das sich die Bakterien gegenseitig mögen.

Prof. Streit: ich glaube, den Bakterien ist das egal. Solange die sich in ihrer Nische etabliert haben, und dort ihren Stoffwechsel durchziehen, ist für die die Welt in Ordnung.

A: dann bin ich aber immer noch nicht ganz sauber mit dem Gedanken, weil wir ja Eingangs gesagt haben, die Bakterien die machen den Wirt nicht kaputt. Jetzt waren wir bei den Seuchen schon soweit schon, oder eben auch selbst im Mund, das die dann auch, wenn man da nicht gegensteuert, das sie sehr wohl schädigen. Dann anfangen zu schädigen. Also wenn ich die in Ruhe lasse, also wenn ich mich selber in Ruhe lasse, ich setze mich einfach nur noch in die Ecke, und mache gar nichts mehr,

Prof. Streit: dann nehmen die irgendwann Überhand. Aber sind nicht die Bakterien, die sie auf der Haut haben. Das ist wahrscheinlich, wenn sie sich wochenlang, monatelang nicht waschen, ist das egal. Die Jungs da oben in der Raumkapsel die duschen ja auch nicht.

A: die Duschen nicht. Was machen die denn?

Prof. Streit: die werden irgendwelche Feuchttücher dabei haben oder so. Wenn ich in solch eine Vernebelungskammer einsteigen, keine Ahnung. Da fehlt die Schwerkraft. Aber ich glaub nicht, wenn sie jetzt den Körper - sich nicht waschen, stinken sie halt bloß. Da passiert aber nichts. Beim normalen Immunsystem ist da keine Gefahr, das sie irgendwie tot umfallen. Das einzige, wo sie ein Problem haben werden, ist in ihrem Mundbereich. Und abgesehen davon, dass sie halt fürchterlich stinken. Also das

A: könnte das auch mit den Ohren z.B. dann sein, wo ja auch im Prinzip Zugang zum inneren Raum ......

Prof. Streit: das könnte schon passieren irgendwann, aber ich - das ist eher unkritisch. Also da ist... Wenn da nie Feuchtigkeit dran kommt, im Sinne oder so, dann kann nicht viel passieren.

An: Das bin ich jetzt allein. Aber wenn ich das jetzt in der Masse aufführe, dann sind wir doch eigentlich bei den Seuchen wieder.

Prof. Streit: ja klar. Das sind natürlich die Hygienebedingungen, die ein Problem machen, wenn sie z.b. In so einer unterentwickelten Stadt sind, oder wenn eben plötzlich so ein Fäkalerreger ins Trinkwasser reinkommt, dann haben sie halt ein Problem. Weil dann die Hygienemassnahmen nicht mehr stimmen.

A: was heißt denn das als Schlussfolgerung. Wenn der Mensch selber nicht bewusst eingreift, - wie ist das eigentlich mit den Tieren dann. Wie ist das bei Tieren, wenn die jetzt im Freien leben - noch freilegenden Tiere,

Prof. Streit: die Tiere haben natürlich alle ein gutes Immunsystem. Im wesentlichen. Ich weiß jetzt nicht, ob es Zahnärzte da draußen gibt. Das ist halt - die haben eine deutlich kürzere Lebenserwartung. EinTeil, das wir so eine hohe Lebenserwartung haben, hängt auch damit zusammen, das wir so einen hohen Hygienestandard haben. Ohne den würden sie mit Sicherheit rein statistisch gesehen schon viel früher durch durch irgendwelche Infektionskrankheiten dahingerafft werden.

A: d.h. Wenn das Gegensteuern nicht stattfindet, könnte der Mensch wieder reduziert werden. Oder sich selber reduzieren.

Prof. Streit: ja, wenn sie dies nicht einhalten, haben sie mit Sicherheit eine höhere Mortalität. Zu einem viel früheren Zeitpunkt. Es fängt mit Kindersterblichkeit an, die im Prinzip ja sehr sehr niedrig ist, in Zentraleuropa oder auch USA, den hochentwickelten

Ländern, wenn sie da schon mit Standards runter gehen, nur noch nach Afrika rüber, da haben sie aufgrund der unterschiedlichen Hygienebedingungen höhere Infektionsraten. Wenn sie die Hygienestandard per se , wenn sie das nicht einhalten, dann später, dann kann sich eine kleine Infektionskrankheit ausbreiten, oder die nicht behandelt, dann akkumulieren irgendwo Toxine, und dann haben sie so Sekundäreffekte.

A: die Kettenreaktion, die dann ausgelöst wird.

Prof. Streit: oder sie haben plötzlich Besiedlung von Mikroorganismen auf ihrem Herzmuskel, durch eine nichtbehandelte Zahngeschichte,

An: die wandern dann?

Prof. Streit: genau, dann haben sie im Prinzip mehr als ein signifikantes Problem.

An: die können auch reingehen?

Prof. Streit: ja, durchaus. Nicht alle, aber - man weiß das sehr genau, es gibt einige Staphylokokken, die legen sich dann auf den Herzmuskel.

A: und die freuen sich dann. Aber ins Hirn geht so etwas nicht?

Prof. Streit: es gibt auch Infektionen, die, ins Hirn kann man nicht sagen, aber es kommt schon dicht dran. Brorreliose z.b. - die Zeckengeschichte. Es sind ja nicht die Zecken, sondern es sind diese Erreger, die die Zecken mitschleppen, die gefährlich werden können.

A: ich habe immer gedacht, das Hirn hat eine Blutschranke drin. Der Zeckenbiss ist speziell.

Prof. Streit: ja, da bin ich auch nicht sicher, ob sie diese Bluthirnschranke überschreiten, aber es reicht schon, wenn man die in dem Mikor (Fragezeichen) drin hat, die dann dort genügend Toxine akkumulieren.

A: um das noch einmal zu repetieren, dieses Gleichgewicht halten wir durch Hygiene. Wenn das weg bricht zumindest besteht dann die Möglichkeit von Seuchen, die dann ordentlich in der Breite wirken. D.h. Wenn unser Trinkwasser durch was auch immer

Prof. Streit: es ist aber auch einfach. Wenn sie so Trinkwasserverunreinigung haben, haben sie vielleicht erst mal so Salmonellen da drin oder Shigellen. D.h. sie haben erstmal Durchfallerkrankungen. Für den normal gesunden Menschen ist das eine sehr unangenehme Nebenerscheinung. Sie verbringen den Tag auf der Toilette. Kinder oder ältere Leute die dehydrieren dann ganz schnell. Da geht die Mortalität gleich hoch. Schlimmer, wenn sie - wie wir das auch hier hatten, Ehec- Thema hatten wir in Hamburg. Letztes Jahr im Sommer.

A: was war das nochmal genau?

Prof. Streit: das ist ein escherichia Coli, die in Anführungszeichen, die letztendlich dazu führt, das die Leute, die damit richtig befallen sind, die versterben schon. Da werden in hohen Mengen Toxine ausgeschüttet, durch den Mikroorganismus.

A: durch was kommen die überhaupt rein?

Prof. Streit: also die werden ein. Das Wasser ist da nicht das Habitat, wo die normalerweise drin leben, aber die tauchen auf, z.b. Gemüse, rohes Gemüse, Obst, normalerweise findet man die in Kühen. Assoziiert. Den Kühen macht das nichts. Aber das sind Keime, die vertragen wir wiederum nicht. Üblicher Kreislauf, den man kennt, ist - es wird Fallobst gesammelt neben so einem Kuhfladen, da sind die Keime dann dran, man isst die und wird damit infiziert oder man hat das nicht ordentlich gewaschen. Man kennt das auch, wo Fruchtsäften gepresst werden, mit Fallobst, so das die mit drin sind, aber

A: die werden dann doch abgekocht.

Prof. Streit: ja, oder pasteurisiert oder so, wenn das nicht richtig gemacht wird. Hier in Hamburg war das die , soweit ich das weiß, hat man es zurück verfolgen können, auf irgendwelche Sprotten, die letztendlich infiziert waren. Wo vermutet wurde, das die infiziert waren - roh gegessen wurden. Und das hat ja, das waren etliche Menschen, die da daran verstorben sind und viele Patienten soweit über hundert Leute, die eine ganze Weile in Behandlung waren.

A: D.h. Wenn es da nicht sauber ist, wenn da ein Übergang möglich ist von diesen - sagen wir mal vom Kot der Tiere, was ist eigentlich mit den Affen gewesen. Mit dem Aids z.b.

Prof. Streit: das ist etwas anderes. Das kann man damit nicht vergleichen, weil Adis eine virale Infektion ist.

A: viral und hat mit den Bakterien nichts zu tun.

Prof. Streit: hat mit den Bakterien nichts zu tun

A: das geht direkt übers Blut.

Prof. Streit: geht direkt über Blut oder Körperflüssigkeiten.

A : die Bakterien haben die Macht, wenn wir das nicht bewusst aufrecht erhalten, was wir jetzt haben. Die ganzen Hygienebedingungen, wenn die flach fallen, das die ganze Population von dem Menschen her zurück geht. Das die Menschheit sich wieder richtig reduziert.

Prof. Streit: ja, oder zumindest die Lebenserwartung auch nicht mehr so hoch liegt.

A: eigentlich ist es ja dann doch Kampf im Prinzip. Eine Balance herzustellen eigentlich auch.

Prof. Streit: na klar

A: was hatten wir gerade gesagt, das ist 1850 gewesen.

Prof. Streit: ja man weiß das auch schon so es ist auch halt so ein bisschen ‚da ist eine gewisse historische Entwicklung. Man muss auch halt sehen, wann gab es die ersten wirklichen Naturforscher? Mikroorganismen waren klein. D.h. Die ersten Mikroorganismen hat man erst gesehen, als man auch die ersten Mikroskope bauen konnte, das war so um die 1750. Da gab es diesen Antonie van Leeuwenhoek, Robert Kook, die haben so Geräte gebaut, in Anführungszeichen, die würden sie und ich heute als Mikroskope bezeichnen.

Die Leute haben im Prinzip mit den Geräten das erste Mal in so einen Mund reingucken können. Und haben dann dort unter dem Mikroskop haben sie es wimmeln sehen. Der Antonie an Leeuwenhoek hat glaube ich so ein Spruch gebracht, in einem Mund leben mehr Mikroorganismen als Menschen in einem Königreich. Damals wusste man das halt alles noch nicht. Das waren so die ersten Überlegungen dazu. Das es da noch etwas gibt, unter dem, was man tatsächlich sehen kann. Und dann kam natürlich so Leute wie Robert Koch an und haben gesagt, was ist hier eigentlich die Ursache,

A: das fing mit der Hygiene an. Dann finde ich aber als Schlussresümee, finde ich, dass die

Bakterien eine größere Macht haben, als wir es selber haben. Wenn wir das nicht aufrecht erhalten, gewinnen die Überhand und diktieren uns das Spielchen wieder.

Prof. Streit: ja klar. Bakterien sind schon wichtig. Überhand kann man vielleicht nicht sagen. Aber sie sind maßgeblich für unsere Gesundheit, und auch für das allgemeine Wohlbefinden. Und auch für das Klima. Also Bakterien sind wichtig oder sind im hohen Maße an der Produktion von Klimagasen beteiligt. Methan.

A: d.h. Die produzieren hier kräftig

Prof. Streit: Bakterien sind, dadurch das sie das Methan produzieren, sind sie Klimamacher.

A: das ist ja eine ganz schöne Macht, finde ich.

Prof. Streit: ja, es ist halt eine Macht, die man so vordergründig nicht sieht, weil man Bakterien als solche nicht wahr nimmt.

A: wie groß ist eigentlich so ein Ding?

Prof. Streit: also, die größten Bakterien, die man man kennt, die sind ein bisschen kleiner als ein Millimeter. Die kann man dann gerade noch so mit dem Auge sehen. Aber normalerweise sind die Bakterien einen tausendstel Millimeter - ein Mikrometer sagt man, das ist also Minus zehn-hochsechs Meter. Also es ist schon sehr sehr klein. Es gibt sogar noch - das ist dieser Mikromaßstab, da gibt es auch noch Zellen, das sind dann auch schon Nanobakterien. Die sind dann noch eine Dimension kleiner. Man kann die nicht mit dem bloßen Auge sehen.

A: dann führt man ja eigentlich bis auf die Viren, mit Blut oder anderen Flüssigkeiten in Kontakt kommt, dann sind doch eigentlich die Bakterien die Hauptgegner mit vom Menschen.

Prof. Streit: die Viren auch. A: die Viren auch.

Prof. Streit: nochmal zu ihrer Größenfrage zurück. Gutes Beispiel. Das bringe ich auch immer in meinen Vorlesungen. Wenn sie alle Menschen auf dieser Welt nehmen würden, und die schrumpfen würden auf die Bakteriengröße, kann man ja machen, dann passen die alle in so ein Reagenzglas rein. Ohne Probleme. Ist immer noch Platz für jede Menge andere. Also so Größenvergleich.

A: da sind viel viel mehr Bakterien, als wir uns vorstellen können.

Prof. Streit: Natürlich.

A: wie ist denn das Masseverhältnis dann?

Prof. Streit: Bakterienmasse dürfte auch deutlich höher als die humane Masse sein. Also um etliche Zehnerpotenzen übertreffen. Es gibt so

Überlegungen, ich glaube, es gibt zehnhochdreißig Bakterienzellen auf der Welt - wird geschätzt,
es sind zehnhochdreißig virale Konstrukte weltweit. Das sind Schätzungen, die man in den Acht-
ziger, Neunziger Jahren erarbeitet hat. Wir haben
ungefähr eine Weltbevölkerung von so irgendwas
von siebenkommfünfmilliarden (zehnhochneun)

An: von wegen selbstbestimmt, das ist ja dann
auch irgendwo.

Prof. Streit: nein, nein, die Bakterien sind
extrem dominant. So im Boden finden sie die - es
gibt ja diese riesen Matten, die in den Tiefsee-
sedimenten, an Mikroorganismen, so meterdickes
Zeug, was die auch für eine Stoffwechselleistung
haben. Das darf man nicht unterschätzen.

A: das sind ja dann eigentlich auch Erdbewoh-
ner. Prof. Streit:'na klar.

A: die man nicht sieht, die du auch nicht selber
mitkriegst. D.h. Die sind ja eigentlich viel größer
als wir Menschen sind.

Prof. Streit: ja natürlich. Deswegen sind auch
die gesamten Prozesse, die die durchführen, für
das Klima viel wichtiger als was der Mensch
perse macht.

A: d.h. wie könnte dann der Mensch - kann der
Mensch dann die Freisetzung der Gase - kann der

Mensch das irgendwo in den Griff kriegen?

Prof. Streit: ja, es fängt halt an mit der CO2 Produktion. Wenn wir soviel CO2 raushauen, und es nicht fixieren.

A: jetzt kommen sie auf die Idee, das ganze Ding unterirdisch einpumpen zu können. Neulich habe ich einen Bericht gelesen. Die Länder dürfen jetzt anfangen, unterirdisch die ganzen CO2 Gase da unten reinzubunkern.

Prof. Streit: ich weiß nicht, ob das gut ist. Ich selbst hätte meine persönlich meine Bedenken, aber ich bin da kein Experte. Da würde ich mich eher dann von Geologen, Physikern beraten lassen, die sich damit auskennen. Aber prinzipiell ist das ja keine Ursachenbekämpfung. Sondern das ist so eine Art Feuerwehrpolitik, Prinzipiell muß man dafür sorgen, das das CO2 nicht akkumuliert in der

A: wir haben gegen diese unsichtbare Macht eigentlich überhaupt keine Macht. Prof. Streit: wenig, ja.

A: ich behaupte ja auch, wir sind voll durchdeterminiert. Das behaupte ich zumindest von mir. Wenn ich die Astrophysiker höre, der Urknall war eine kleine Murmel. Das erstmal in den Kopf reinzukriegen, das dann irgendsoeine

Balance zwischen Materie und Antimaterie

sich irgendwie so ausweitet, das .... Ist das eigentlich alles Schaum? In der Vorstellung, das was wir eigentlich im Kosmos sehen, was ist das dann eigentlich alles da. Was wir da sehen?

Prof. Streit: na klar, das sind so

A: das ist wie ein Tropfen Spüli und mache eine riesengroße Luftblasen, ist das so etwas, in dem wir dann leben, oder anders herum die Frage, Materie und Antimaterie. Bakterien sind ja Materie. Was ist denn das Gegenstück dann davon, wenn das Antimaterie heißt.

Prof. Streit: schwer zu sagen. Ich bin kein Physiker.

A: ich rede ja von Biologie. Ich rede nicht von der Physik. Einen Gegendruck muß es ja trotz alledem geben. Die haben ja beim Urknall haben die ja gesagt, das..... Ich behaupte mal, es ist dieser komische Goldene Schnitt. Und zwar diese ganz kleine Ungewichtigkeit, die das sozusagen vorantreibt. Normal sagen die ja, du brauchst ein Gleichgewicht, aber wenn du ein Gleichgewicht hast, hast du es ja stehend. Und wenn dann ein klitzekleines Ungleichgewicht - eben hält das es dann wachsen kann, entsteht erst Dynamik an der Stelle.

Prof. Streit: die Mikroorganismen, die sind so gestrickt, das sie immer so kleinere Veränderungen, würden die sofort reagieren und sich dann drauf anpassen. Entweder als Einzelindividuum oder in der Gesamtpopulation mit den unterschiedlichen Spezies zusammen. Da haben die ganz viele geschickte Mechanismen, um sowas relativ schnell wegzustecken.

An: also wenn ich jetzt die Bakterien mit ihrer kurzen Reaktionszeit, schnellen Anpassungsfähigkeit, die der Mensch eigentlich nicht hat, bilde ich mir zumindest ein.

Prof. Streit: richtig.

A: Das er dazu nicht in der Lage ist, es intelligent und schnell auf zukünftige Sachen zu reagieren und trotzdem reagiert, konnte man sich dann fragen, ist das sinnvoll, dass vielleicht die Menschen zwischendurch mal wegsterben, Oder wieder mal was Neues . Wie die Bakterien eigentlich auch aussterben, und wieder was neues.....

Prof. Streit: die Bakterien in ihrer Gesamtheit werden überleben. Den Menschen überleben. Die Bakterien waren schon auf dem Planeten, waren die ersten, die den Planeten besiedelt haben. Und damals als die Erde vor 4,5 Milliarden Jahren sich entwickelt hat, da müssen sie sich das auch vorstellen, bis mal Leben möglich war, ist vielleicht so eine Milliarde Jahre vergangen, aber da war es immer noch heiß, da hatten wir hohe Temperaturen, viele Gase, vulkanische Aktivitäten, und das erste, was da war, waren Bakterien. Wie die aussehen oder ausgesehen haben, weiß man nicht so genau, man stellt sich vor, man hat so ähnliche Vertreter schon gefunden, aber von den Bakterien ausgehend oder von dem Urbakterium ausgehend, hat sich dann alles andere Leben entwickelt.

A: was ist denn die Kettenreaktion davor. Wo überhaupt ein Bakterium entsteht? Wenn ich jetzt in den Kosmos rausgehe, und sehe Meterioiten, der durch die Gegend schwabbelt,

Prof. Streit: da gibt es verschiede Hypothesen, das können eben alles nur Theorien sein, die darüber philosophieren, wie die Urzelle ausgesehen hat. Nach gängiger

Lehrbuchmeinung war die Urzelle ein Mikroorganismus. Es macht keinen Sinn, einen komplexen Eukaryonten (wie eine Nuss aussehend) zu entwickeln, bevor man nicht erstmal ein kleines System hat, und das kleine System war angepasst an die damals sehr schwierigen, vermutlich sehr heißen und vorallendingen auch sauerstofffreien Bedingungen. Auf der Urerde gab es keinen Sauerstoff.

A: dann sind wir wieder am Meeresgrund unten ....

Prof. Streit: ja möglicher Weise, ich weiß nicht, ob es viel Wasser gab. Da kann ich auch nicht mitreden. Ich bin kein Geologe.

A: auf Saturn, mit diesem komischen Flecken, den sie da jetzt entdeckt haben, und dann haben sie gesagt, was ist denn das da, mit den Auf und Abwinden,

D: den gibt es ja schon ganz lange. Das ist eben auch die Frage. Alle gucken auf diesen roten Fleck und wussten nicht warum er sich rotiert. Aus welcher Kraft heraus? Und dann sagt einer, ja, die Winde gehen in unterschiedliche Richtungen. Ein Sturm zieht in die Richtung und der andere in die.... Das ist ja auf dem kompletten Planeten. Geht ein Sturm da hin, ein Sturm dahin und ein Sturm dahin. Das wäre doch für mich die primäre Frage. Warum ziehen die Stürme in unterschiedliche Richtungen. Und dann auch noch als Band.

A: kann sich ein Bakterium, könnte sich das, es muss ja inhärent sein, ... Das kann ja gar nicht....... Die Erde muss ja schon irgendwie in ihren Wurzeln ganz tief unten drin oder .... Ich weiß ja nicht, wo die Erde herkommt, ist die von der Sonne heruntergeflogen oder abgesplittert, da müssen wir ja fragen, gibt es auf der Sonne Bakterien.

Prof. Streit: nee, das ist zu heiß. Es wird sicherlich im Weltall Bakterien geben. Aber die Frage ist, stammen die Bakterien von der Erde, zwischendurch mit Vulkanausbrüchen nach draußen geschleudert, oder Satellitenmaterial, was da mit rausgeschossen wurde, oder gibt es das Leben noch woanders. Die Frage wird man abschließend nicht beantworten können. Aber wenn es Leben woanders gibt, dann wären Bakterien sicherlich die ersten und auch eine gute Form, sie zu transportieren. Weil so Sporen von Mikroorganismen sind extrem resistent gegen alles. Hitze, Kälte,

A: was passiert denn dann eigentlich, wenn die auf den Mars fliegen.

Prof. Streit: im Moment ist der Mars so kalt, glaube ich, die haben Tag Nachts 70 grad, tagsüber auch extrem heiß, da wird gar nichts passieren. Aber wenn sie auf ein Planet kommen, oder auch das Leben in den Grenzen, wie wir sie schon mal genannt hatten, temperaturmäßig möglich ist, konnte sich da durchaus etwas entwickeln.

A: wir könnten eigentlich die Transporter von den Viren, Bakterien sein, die sie irgendwo hinschleppen.

Prof. Streit: gut möglich. Es ist nicht ausgeschlossen. Die Nasa macht ein riesen Aufstand immer, wenn die irgendwelche Satelliten oder Spaceshuttle losschicken und die außen zu sterilisieren oder im Zusammenbau darauf zu achten, das keine Keime mit nach draußen geschleppt werden. Die machen den Job da sicherlich gut, aber ich möchte denen auch nicht zu nahe treten, die können auch nicht garantieren, das da keine Keime am Ende des Tages nach draußen gehen.

A: ich bin jetzt in der Raumstation. Ich ziehe mir den .... Dann habe ich die Hände schon am Raumanzug,

Prof. Streit: Es gibt halt keine sterilen Menschen.

A: und dann gehe ich raus und montiere mit meinen Klamotten, die ich mir gerade angezogen habe, dann ist es doch schon so weit.

Prof. Streit: die werden das alles sterilisieren und darauf achten. Das ist einfach ein Ding der Unmöglichkeit. Organismen haben sie überall.

A: ja das heißt doch mit anderen Worten, d.h.

wenn irgendwo .... Ich bin nach wie vor bei der Materie und Antimaterie. Und was wir hier in Anführungszeichen mit positiven Zeichen sehen und erleben oder Glauben wahrnehmen zu können, gibt es wahrscheinlich negativen....

Prof. Streit: gut möglich.

A: vollkommen alles verdreht.

Prof. Streit: es ist möglich, aber ich bin auch kein Experte dafür.

A: die Bakterien sind eigentlich wesentlich mächtiger als die Menschheit selbst.

Prof. Streit: ja

A: im Gesamteinfluss......

Prof. Streit: kann man so sagen.

A: dann bedanke ich mich, Herr Prof. Streit.

Prof. Streit: gern.